古文今译·二十六史故事

明

主 编：张宏儒
副主编：张德信

花山文艺出版社
河北冠林数字出版有限公司
河北·石家庄

图书在版编目（CIP）数据

古文今译·二十六史故事. 明 / 张宏儒主编. —石家庄：花山文艺出版社，2017.8（2022.4重印）
ISBN 978-7-5511-3654-9

Ⅰ.①古… Ⅱ.①张… Ⅲ.①中国历史－明代－通俗读物 Ⅳ.①K209

中国版本图书馆CIP数据核字（2017）第200836号

书　　名：	**古文今译·二十六史故事　明**
	Guwen Jinyi Ershiliushi Gushi Ming
主　　编：	张宏儒
副 主 编：	张德信
责任编辑：	贺　进
特约编辑：	张福堂　杜丽敏
责任校对：	李　伟
封面设计：	崔　海
美术编辑：	胡彤亮
出版发行：	花山文艺出版社
	河北冠林数字出版有限公司
销售热线：	0311-88643176
传　　真：	0311-88643234
印　　刷：	永清县晔盛亚胶印有限公司
经　　销：	新华书店
开　　本：	890×1240　1/32
印　　张：	6
字　　数：	124千字
版　　次：	2017年8月第1版
	2022年4月第2次印刷
书　　号：	ISBN 978-7-5511-3654-9
定　　价：	25.00元

（版权所有　翻印必究·印装有误　负责调换）

前言

唐太宗李世民堪称千古一帝，他的论断"以铜为鉴，可正衣冠；以古为鉴，可知兴替；以人为鉴，可明得失"，至今颠扑不破。所以，读史不仅是学人必修，而且早已成风尚，为历朝历代贤达才俊所看重；时至今日，更是普及平民百姓。不了解本国、本民族的历史，茶余饭后无故事，与人交谈无资本，教育子女无底蕴，更无法增强民族自信、文化自信，也难以在生产中传薪播火、创新缔造，难以在生活中得到"诗意与远方"。

自从盘古开天地，三皇五帝到如今，我们中华民族经历了五千多年的历史，在这漫长的岁月里，经历了许许多多的朝代更迭、社会动荡，发生了许许多多的宫廷争斗、民间传奇，记载了英主与忠良如何经天纬地、昏君和奸佞怎样祸国殃民，描述了政治家、思想家、文学家、科学家等怎样以他们的聪明才智，一步步改善着人民群众的生活境地，并推动社会的进步、祖国的强大。为了重现中华文明的辉煌灿烂，为了阅古诫今、汲古益今，我们以历史事件先后为顺序，以朝代更迭为线索，以历代正史为依据，并进行去伪存真、去粗取精，纠正错讹，吸收采用最新最科学的研究成果，积数年之功，编纂出版了这套《古文今译·二十六史故事》丛书，奉献给广大读者。

本丛书以1926年上海锦章书局出版、署名舒屋山人编纂的《精订纲鉴二十六史通俗演义》为底本，特别延请中国社会科学院史学、文学的名家、专家主持历史故事的梳理与考证，有些不实之处亦有增删与纠正；并组织优秀学者作古旧文本的白话翻译，倾力做到信、畅、雅，即忠实正史，出必有凭；叙事晓畅，不艰不涩；行文在浅易中求规范，规范中求文雅，力促读者易读、爱读，尽享阅读的快乐和求知的满足，在快乐满足中把握历史演进，体悟流变真谛。

本套丛书依时间为序，按朝代划分成十册；每册中朝代独立成章，各个朝代中又以重大历史事件、历史人物为题，划分出小节，以求方便读者的多元阅读方式，适应当前生活的快节奏。划分中虽然照顾了篇章多寡，以及每册的页码厚薄，但不同朝代历史存留长短不一，实属难以均衡书册大小之规整。而且，限于底本，民国史也未尽周全，在目待版。特此禀明。

我们正处在一个大变革的新时代，迎接中华民族的伟大复兴不只是一个口号，而是必须要有践行；践行则必须要有丰富的知识作支撑，包括科学的、历史的等诸多领域。可以肯定，这正是这套丛书的编纂、出版初衷。

通读一部中国史，做一个明明白白的中国人；传承中华文明，创新民族文化，需要无数明明白白的中国人。

欲知历代兴亡事，端详尽在此书中。《古文今译·二十六史故事》丛书，期待您的悦读。

张福堂

2017 春三月十闲也斋

目 录

明 …………………………………………………… 1
1. 朱元璋出世 ………………………………… 1
2. 金陵奠基 …………………………………… 5
3. 朱陈鏖战 …………………………………… 7
4. 破张士诚 …………………………………… 10
5. 朱元璋称帝 ………………………………… 12
6. 攻无不克 …………………………………… 13
7. 仁政恤民 …………………………………… 15
8. 择相之错 …………………………………… 16
9. 平定云南 …………………………………… 18
10. 治典与好杀 ………………………………… 19
11. 燕王朱棣 …………………………………… 21
12. 清君侧 ……………………………………… 26
13. 皇帝出家 …………………………………… 33
14. 燕王称帝 …………………………………… 35
15. 成祖靖边 …………………………………… 37
16. 仁宗圣明 …………………………………… 41
17. 宣宗治平之世 ……………………………… 42
18. 王振乱政 …………………………………… 45

19. 土木堡之变 ………………………………… 49
20. 于谦抗战 …………………………………… 51
21. 太上皇脱困 ………………………………… 53
22. 南宫复辟 …………………………………… 56
23. 阿丑讽谏 …………………………………… 60
24. 孝宗勤政 …………………………………… 62
25. 玩乐皇帝 …………………………………… 63
26. 豹房之宠 …………………………………… 65
27. 假征实训 …………………………………… 66
28. 世宗遇险 …………………………………… 68
29. 昏君用奸 …………………………………… 69
30. 严嵩专权 …………………………………… 72
31. 海瑞罢官 …………………………………… 74
32. 穆宗安边修和 ……………………………… 74
33. 张居正与冯保 ……………………………… 76
34. 矿使害民 …………………………………… 78
35. 倭寇丰臣秀吉 ……………………………… 79
36. 政失民乱 …………………………………… 80
37. 努尔哈赤 …………………………………… 84
38. 匿名妖书 …………………………………… 85
39. 光宗病案 …………………………………… 87
40. 熊廷弼戍边 ………………………………… 88
41. 叛反连绵 …………………………………… 91
42. 宦贼魏忠贤 ………………………………… 92
43. 异象兆祸 …………………………………… 97

44. 磔杀袁崇焕 ·················· 102
45. 烽烟遍地 ·················· 106
46. 闯王李自成 ················· 111
47. 闯王剪敌 ·················· 113
48. 八大王张献忠 ················ 118
49. 李自成得势 ················· 120
50. 官军溃败 ·················· 124
51. 京都保卫战 ················· 126
52. 崇祯自缢 ·················· 128
53. 闯王进京 ·················· 131
54. 忠臣殉国 ·················· 133
55. 东征朝鲜 ·················· 135
56. 袁崇焕督师 ················· 138
57. 清兵入关 ·················· 140
58. 夜袭敌营 ·················· 147
59. 皇太极建国 ················· 150
60. 再征朝鲜 ·················· 150
61. 卢象升抗清 ················· 153
62. 招降洪承畴 ················· 155
63. 明清议和 ·················· 158
64. 清太宗托孤 ················· 159
65. 多尔衮摄政 ················· 161
66. 吴三桂降清 ················· 164
67. 顺治进京 ·················· 168
68. 闯王兵败 ·················· 171

69. 扬州十日 ……………………………………… 173

70. 露水皇帝 ……………………………………… 175

71. 清廷定国 ……………………………………… 178

72. 皇帝遗诏 ……………………………………… 181

明朝世系表 ……………………………………… 182

明

（1368—1644）

1. 朱元璋出世

明太祖高皇帝朱元璋，字国瑞，濠州人。父朱世珍由他乡迁居到钟离太平乡。母陈氏生有四子，元璋排列第三。元璋生于元文宗天历元年（1328）九月十八日，那天傍晚，天空中红光闪闪，邻居都呼喊，"朱家起火了"，但赶到朱家，一切如常。按当地风俗，三天后洗沐。父亲到河中取水时，忽见有红罗漂浮而来，便拿回给元璋做了衣服，因而他们的住所便叫作"红罗幛"。元璋幼时常得病，世珍觉得元朝重视佛僧，便想把元璋送到寺院当和尚。元惠宗至正四年（1344），濠泗一带大闹饥荒，瘟疫流行，元璋的父母、大哥和幼弟相继死去。朱家当时一贫如洗，无钱备办棺木，只得用稻草裹尸，元璋与二哥抬着尸体走到山脚下时，绳索断了，二哥回家取绳索，留下元璋守尸。这时忽然电闪雷鸣，瓢泼大雨从天而降，元璋无奈，便到村寺中躲避。天将破晓，元璋去寻尸体，只见原地已积成一座高坟。这块地本

朱元璋像

是属于同乡刘继祖所有,继祖对此事也深感惊讶,便把这块地送给了元璋。不久,元璋的二哥也死了,年仅十七岁的朱元璋只好入皇觉寺当了小和尚。一个月后,皇觉寺也断了炊,元璋便离开了寺院化缘,云游于江淮一带。三年后,又回到了皇觉寺中。

当时,元朝政治腐败,各地义军纷纷起兵。至正十二年(1352),定远人郭子兴率兵起义,攻占了濠州。元璋想知是否能躲避兵乱,便到寺中焚香卜卦,先问远行,不吉;又问留下,还是不吉。因而暗问:"莫不是让我带头起义?"果然大吉。该年闰三月初一他便到濠州投奔了郭子兴。子兴惊奇元璋的才干,便把养女马氏嫁给他为妻。这后来就是高皇后。

元璋早有拯救天下民众的宏伟大志,便集合各路义军一同起兵。此后,元璋的威名日益显著,英雄豪杰如影子般地追随他。徐达[1]、汤和[2]等人首先归附。当时赵均用、彭早住败给了元丞相脱脱,投奔到濠州。郭子兴委屈地把自己置于二人之后,结果反被二人所控制。彭、赵对下属不仁不道,元璋便把他招募来的七百人放还,只留下徐达、汤和、吴良、吴祯、花云、陈德、顾时、费聚、耿再成、耿炳文、唐胜宗、陆中亨、华云龙、常遇春、郭英、郭兴、郭海、张龙、陈桓、谢成、李新材、张赫、周铨、周德兴等二十四人,带他们南巡定远。

---

[1]徐达(1332—1385),明初大将。字天德,濠州人。
[2]汤和(1326—1396),明初大将。字鼎臣,濠州人。

定远附近张家堡驻扎着民兵,称驴牌寨,元璋诱使寨主归顺,于是驴牌寨民兵烧毁旧营,全部归降,元璋得到三千壮士。随后,又招降秦把头八百余人。定远人缪大亨率兵二万聚集在横涧山,元璋派花云深夜突袭,一举将其攻破,大亨也率兵归降,此时义军名声大振。定远人冯国用、冯国胜兄弟也率兵来投,朱元璋佩服他的儒者风度,向他询问大计。国用回答说:"金陵是虎踞龙盘、帝王建都之地,应先攻取金陵定下帝业,然后再扫除群寇,拯救百姓于水火之中。不要贪图女色和珠玉绫罗,要倡导仁义,使人心归服,天下就不难平定。"元璋听罢大喜,留他运筹帷幄。元璋哥哥之子文正、姐姐之子文忠前来投奔,文忠年仅十二岁,元璋让马氏收他为养子,还收养了定远人沐英[1]为子。

元璋攻克滁州,迎立郭子兴为滁阳王。子兴的两个儿子讨厌元璋的威名,暗中把毒药放入酒中,邀请元璋宴饮。元璋先已察觉,暂且答应,与其一同前往,二子暗喜元璋中计,行至途中,元璋忽然从马上跃起,仰头朝天,若有所见,过了一会儿,勒转马头回转,痛骂二子:"我何处对不住你们,刚才天神说你们要用酒毒死我。"二人吓得双腿哆嗦而逃,再不敢有加害元璋之心。

当时有位铁冠道人,叫张中,他精通数学,能预料未来之事,他来拜见元璋说:"您生得龙眉凤目,有帝王之相,眉骨入

---

[1]沐英(1345—1392),字文明,定远人。死后追封黔宁王,子孙世代镇守云南。

鬓,声音洪亮,贵不可言,千日之内必有应和。"后来果然和此。此时,胡大海、邓愈、郑遇春、李善长[1]等人也归附了朱元璋,军势更为壮大。元璋攻占和阳,手下将官多掠夺妇女,元璋命其把人放回,老百姓十分高兴,愿意服从他。至正十五年(1355)三月,从十二年(1352)二月举起义旗,纵横驰骋了四个年头的郭子兴,一病不起而死。他的一支义军,便归元璋统领。

2. 金陵奠基

元璋驻扎和阳已久,欲东渡攻取金陵,却愁于无船。恰好此时,巢县人廖永安、廖永忠兄弟,俞廷玉及其子通海、通源、通渊等人各自聚众停船于巢湖,连结为水寨,以抵御寇盗,听说义军用船便率舟师来投,元璋大喜,亲自去巢湖慰劳他们。元璋率军渡江时,正刮北风,顺风而行,大小船只齐发,顷刻便到达牛渚。元军布阵于采石,常遇春举戈首先冲入阵中,元兵战败逃走,于是攻占了采石。乘胜又夺取太平,并由此路向金陵进军。元将陈野先投降后又叛离,被义军斩杀,其子陈兆先战败被擒,再次归降,元璋仍任用不疑。元璋攻克金陵,元御史大夫福寿战死。元璋进入金陵城告知父老百姓:"我来是为民除乱的。凡旧的政策法令中不便的东西,全部去除。"老百姓心悦诚服。接

---

[1]李善长(1314—1390),字百室,定远人。明初大臣。

着,发命攻下镇江,并命邓愈等率兵攻取广德。诸将尊奉元璋为吴国公。元璋夺取宁国,生擒元大将朱亮祖。朱亮祖勇猛善战,先降后叛,此次是再次被擒,元璋重又任用他。随后,元璋又派兵夺取了江阴、徽州、池州、扬州。

朱元璋命康茂才为营田使,对他说:"理财之道,莫先于农,关键是兴修水利,做到高地不怕旱,洼地不怕涝,蓄泄得宜,才能粮食充足。若所至之处侵扰百姓,便非我命你任此官的原意。"康茂才立即组织民兵万户府,办法是精选民间武勇之人,编集为五人一组,农忙时耕种,农闲时操练,战事便用来打仗;战事结束后,有功的升迁奖赏,无功的重新务农。元璋取婺州后,召儒士在宫中为其讲经书,并兴办学校。元璋想顺利拿下浙东诸郡,便召集诸将说:"军队行进,气势如同烈火。你们身为大将,若能不乱杀无辜,非但有利国家,与自己也有好处。"他派徐达等屡败张士诚兵,而方国珍以温州、台州、庆元归降,却仍占据该地。元璋攻取处州,派人召请青田人刘基[1]、浦江人

---

[1]刘基(1311—1375),明初大臣,文学家。字伯温,青田人。明建立后,参与制定明初诸大典制。

宋濂[1]、龙泉人章溢[2]、丽水人叶琛[3]。元璋喜曰:"我是为天下而委屈四位先生。"并向其询问时事,甚为尊重有礼。刘基精通天文兵法,曾游西湖,见有异云从西北方升起,与他同游的人都以为是喜庆之云,欲赋诗赞颂,只有刘基纵饮不顾,说:"此是天子之气,应在金陵,十年之后有王者出现,我应去辅佐他。"当时杭州城犹处全盛之时,众人听了大为惊骇,认为他疯了。至此时,元璋果然重礼招聘,刘基即陈述时务十八策,元璋高兴地一一采纳。

3. 朱陈鏖战

陈友谅攻陷太平,知府许瑗战死,守备花云被缚。花云举臂高呼,挣断绳索,夺守者刀,连杀五六人,被贼人射死。其妻郜氏也投水殉节。侍女孙氏抱花云之子逃跑时,遇到汉军抢走了船只,并被汉军投入江中。孙氏与小儿幸依断木,漂至一块陆地,

---

[1]宋濂(1310—1381),明初大臣,文学家。字景濂,号潜溪,浦江人。主修《元史》。

[2]章溢(1314—1369),字三益,号匡山居士。任御史中丞。时廷臣伺元璋意多行苛刻,章溢独持大体。福王时谥庄敏。

[3]叶琛(?—1362),字景渊,丽水人,归明后任营田司金事,迁洪都知府。降将祝宗等复叛时被执,不屈而死,赠南阳君侯。

才免于一死。孙氏取莲实喂食小儿，熬过七日。忽然碰到一姓雷老人，偕行找到元璋。孙氏抱儿泣拜，元璋也落下了泪，他把小儿放在膝上说："这是将种！"并命赐给雷老衣物，但老人忽然不见了，令在场的人惊讶不已。

陈友谅篡夺了其主徐寿辉之权，自称皇帝，国号为汉，扬言要东下攻击朱元璋军。建康为之震动，或欲投降，或欲占据钟山，独刘基请求抗击，元璋深以为然。当时陈友谅派人约张士诚同侵建康，元璋顾忌二寇相合不能抵御，欲让陈友谅尽快来攻，便召康茂才说："你与友谅旧有交情，应先作伪降书，招他速来。"茂才按元璋计策而行，友谅果然相信并且进兵。元璋埋下伏兵抗击，大败汉军，于是又乘胜攻下江州及蕲州、黄州等郡。友谅无奈，只好率残兵败将逃向武昌。占据温州、台州、庆元的方国珍，见朱元璋战胜陈友谅，且军力日益强大，便以金玉饰马鞍献给元璋。元璋说："我所需要的是文武才能之人，我所用的是粗布豆谷之物，宝玩非我所好。"没有接受。汉江西行省胡廷瑞守南昌，遣使来降，请求不要分散其部派给苦差事，元璋初有难意，刘基从后面踹其所坐胡床。

元璋醒悟并答应了他，廷瑞于是归降。元璋命朱文正守南昌。友谅愤其疆土日益减少，作大战舰，统率其疆域之兵六十万，空国而来，乘江水涨潮时直抵南昌，包围南昌城。朱文正、邓愈督兵死守，遣千户张子明赴建康告急。元璋亲帅舟师二十万，进驻湖口，友谅闻知，即解围东出，与元璋遇于鄱阳湖之康郎山。友谅将舟联结纵战，望去如山，元璋军船小，不敢正面迎战,往往退缩。郭兴说:"敌船这么大,我方与它大小不敌,非火攻不可。"元璋认为言之有理。次日,东北风起,元璋令诸将乘风放火,烧毁汉军水寨及舟船数百艘,友谅弟友仁、友贵及其平章陈普略都被烧死。第二天,重新联舟大战,汉兵大败,友谅收敛舟船自守,不敢出战。相持三天,友谅无计可施,只好冒死突围,将奔武昌,元璋指挥诸将半路截击,友谅中流箭,穿透眼睛及颅骨而死。其将张定边乘夜用小船载友谅尸体及其子陈理直接逃回武昌,重新立陈理为皇帝。

鄱阳湖之战开始时,元璋也屡次陷于危机。一天,包围未解,指挥韩成穿戴元璋冠服,对着敌众被投于水。围稍解,待救兵赶到才得幸免于难。又一天,元璋刚与友谅激战毕,刘基忽跃起说:"难星过,快换船。"元璋急忙换了船,只见原乘船只已被敌炮击碎。

元惠宗至正二十四年(1364)正月,元璋立为吴王,命有司先立宗庙社稷,定文武科取士之法,又命有司访求古今书籍以备阅读。

陈理回武昌后,元璋一面进兵包围,一面派其将罗复仁入城劝降。陈理见势单力薄,难于与之抗争,便口衔玉玺祖露身体,率张定边等投降。元璋怜他,宽慰友谅父母,凡府库储蓄,让陈理自取,妻子资装,仍都归他,并封陈理为忠义侯。武昌城中饥困,元璋命给谷物赈济。于是湖广、江西全部平定。

4. 破张士诚

其时张士诚在平江自立为吴王，建宫室，立官属，将政事委托给其弟士信。士信只好酒色荒淫，又委托王敬夫、蔡彦夫、叶德新管理朝政。这三位皆为奸邪之人，善巧言谄媚，对政事则蒙蔽于人，当时有歌谣说："丞相做事业，专用王蔡叶，一朝西风起，干瘪。"

元璋以徐达为大将，常遇春为副将，师二十万讨伐张士诚。将要出兵，元璋问诸将："此次出兵先攻何处？"遇春答："只有直捣姑苏才能速战速胜。"元璋说："不对。士诚是盐贩出身，与张天骐、潘原明有手足之情，如果士诚窘迫，一旦天骐出兵于湖州，原明出兵于杭州，内外夹攻，怎么能取胜？不如先攻湖州，使他疲于奔命。羽翼除掉后，再移兵姑苏。如此进军，将万无一失。"诸将敬服。

军队至湖州，张士诚出兵来援，徐达等大败士诚兵，守将李伯升、张天骐举城归降。李文忠率兵下浙江，杭州守将潘原明遣使到军门投降。徐达领诸将进逼姑苏，士诚率兵抵抗，大战于尹山桥，士诚大败，后又败于鲇鱼口，于是躲入围城。徐达筑长围以围困士诚，城中大震。士诚被围时间一长，便想突围，由于城左阵严，不敢轻出；便转至磐门，要奔常遇春营。遇春先派骁勇战将王弼乘铁骑抗击，敌人稍稍后退，遇春率众兵乘胜追击，大败敌军，许多人淹死在沙盆潭中。士诚的马惊，也坠入水中，几乎无救，被人用花杆抬入城内。三天后，士信正在城楼上督战，忽然被飞来的炮弹击碎头部身亡。徐达统帅将士破葑门，常遇春

交战

破闾门，下午酉时左右，士诚部队溃败，于是诸将兵登上城墙。

士诚对其妻刘氏说："我已兵败将死，你该怎么办？"刘氏说："君不要发愁，妾必不负于君。"于是在积云楼下堆起木柴，士诚将群妾及侍女赶到楼上，放火焚烧，刘氏自己则自缢而亡。日落之时，士诚关上房门上吊自缢，旧将李伯升破门将其解救，并用旧盾牌把他抬到船上，送到建康。元璋欲保全士诚性命，谁知他竟在居室自杀了。于是改平江为苏州府，浙西、吴会也都平定。

又派遣大将军徐达、副将军常遇春率兵二十五万北伐平定中原。命胡廷瑞为征南将军，何文辉为副将，由江西向南攻取福建。命杨璟为主帅，周德兴等为副帅，率领荆、湘之兵攻取广西。命汤和等帅师讨伐方国珍。国珍逃到海岛，元璋又命廖永忠师从海道讨伐。国珍惶惧，便让其弟国珉等带家属投降，浙东全部扫平。接着又命汤和、廖永忠协助攻福建。

5. 朱元璋称帝

李善长等人奉表劝元璋做皇帝，元璋说："恐德薄不足以当皇上。"善长等人再三请求，元璋才答应。洪武元年（1368）正月，朱元璋即皇帝位，定国号为"大明"，建元洪武，追尊祖上四代皆为帝、后，立马氏为皇后。

还早在刚渡江时，皇后对元璋说："今豪杰并争，虽不知天命所在，然而妾总认为惟以不杀人为本，人心所归，也就是天命所在。"元璋深以为然。她曾经在仓促之中，宁可自忍饥饿，怀揣干粮糕饼给元璋吃。一次，元璋曾被郭子兴所猜疑，皇后于内劝解、宽慰，才得免于难。所以元璋十分赞赏她的贤德。

立世子朱标为皇太子，以李善长为左丞相，徐达为右丞相。元璋自至正十二年投军到即皇帝，前后十七年而成就帝业。元璋制定律令，颁布戊申历。元璋所住新宫初建时，他命除去其雕琢奇丽之饰，制皆朴素，命人把古人行事中可为法为戒之事书于壁上，又命将《大学衍义》书于两边廊庑。下诏衣冠之制悉如唐朝，稍加改动。定南郊社稷宗庙之礼。定卫所官军及将帅领兵之法：凡有事出征，则下诏颁总兵官佩带将印；战事结束返回，则上交将印，官兵各自返回本卫，大将军还本第。严禁太监参预政事典兵，不得读书识字。

6. 攻无不克

汤和、廖永忠等人协助攻闽，进兵延平，遣使告知元朝福州平章陈友定投降，友定不从。汤和等进攻福州，元参政文殊海牙以福州城降，捉拿陈友定，押送京师。胡廷瑞等进兵攻克兴化，元汀州路守将陈国珍归附。于是各郡县相继投降，福建全部平定。元璋命廖永忠为征南将军，朱亮祖为副将军，由海道攻取广东。待广东平定，立即移师协助攻广西，斩杀元尚书普颜帖木尔等人，各州县相继降附，再攻平乐府。杨璟等人攻克全州，引兵进攻靖江，元平章也儿吉尼督促众人坚守，朱亮祖等人也从平乐来会合，攻城更急，也儿吉尼仓皇逃走，明军追击，将其捉拿。廖永忠等人兵进南宁，元千户宋真擒拿其守将，平章咬住等人来降，广西全平。

徐达等人出师北伐，先平定了山东、河南，接着率师至通州，元朝皇帝北逃。元都平定后，徐达、常遇春等进取山西。此时，汤和、杨璟等人南征还师，元璋命汤和、杨璟为偏将军，率军协助徐达等人进取山西，又调副将军冯胜率兵从河南向山西进军，他们所经过的郡县大多归降。这时，扩廓帖木儿奉元朝皇帝之命由太原出兵，取道保安，径由居庸关进攻北平。徐达等人便乘虚进兵，直取太原。扩廓帖木儿听说后，回兵往救，其先锋十分精锐。傅友德、薛显率领敢死之士抗击，将其打退。敌军在城西扎营，郭英、常遇春请求趁夜袭击，正好扩廓之将豁鼻马派人约定归降，请求为内应，徐达大喜，于是与他定下时间。明军趁夜袭击，内外夹击，元军大乱，扩廓贴木儿闻听有变，慌忙之间赤着一足跨越营帐，跟随十八铁骑逃走。于是攻克了太原，其他猗氏、平阳等县皆降。徐达攻克河中府，集合诸将攻取陕西，营造浮桥，攻西安府，元平章王武率官属、军民归降。徐达遂派冯胜进取凤翔，元将李思齐率所属军士逃奔临洮。徐达进兵陇州、秦州及巩昌，又派遣冯胜统兵进攻临洮。李思齐被攻急迫，不得已举城投降。明大军围攻庆阳，元将王保保[1]率兵前来增援，被明军拦截，不能到达。庆阳城被攻破，守将张良臣投入井中，被拉出斩杀。庆阳攻取后，又挥师下平凉，王保保、贺宗哲都向北

---

[1]王保保，即扩廓帖木儿。

逃跑。陕西全平,徐达等班师回返京师。

7. 仁政恤民

朱元璋封九个儿子为王。又大封功臣,分为公侯伯几等,死了的人画肖像祭祀。设置六部官吏,分管各种政务。释放元朝宫人。广泛寻求隐逸以及忠孝能干、贤良方正的饱学之士。建立大本堂,下令取古今图籍收藏其中。邀请儒臣教授太子、诸王。任用孔子后人孔希学袭封衍圣公、孔希大为曲阜县知县。元璋还亲自耕种所属之田,免除各地缴纳的田租。没过多久,又将天下所有田租全免。元璋命皇后亲自养蚕。命翰林作文时,不得用浮华辞藻和四六文辞。下诏各地郡县都建立学校。群臣亲朋年纪大了可以回家侍养。

这时,天下已经平定,只有大夏国主明昇仍占据巴蜀。洪武四年(1371)正月,朱元璋命汤和为征西将军,与杨璟、廖永忠、周德兴、曹良臣等人率舟师从荆湘,经过瞿塘峡,直趋重庆;傅友德为征虏将军,与顾时、陈德、汪兴祖等率骑兵从陕西,经过秦岭,直趋成都。临行前,朱元璋对友德说:"蜀人闻听我西伐,必然集合其全部精锐部队东守瞿塘峡,北阻金牛。若出其不意,直捣阶州、文州,门户已毁,腹心自然崩溃。"友德顿首受命。傅友德进兵,扬言出兵金牛,直捣阶、文,连续战斗,攻克阶、文、绵、汉四州。廖永忠仍与汤和分道并进,相约于重庆府相会。永忠之师前行,沿江州县皆望风归附,乘胜直抵重庆。

明昇君臣大惧，其臣刘仁劝其投奔成都，其母彭氏说："事已如此，即使投往成都，也只不过延命旦夕，有什么好处？不如投降。"明昇于是面缚衔玉载棺投降，蜀地也全部平定。明昇到京师，元璋封他为归义侯。

元璋遣使祭祀历代帝王陵寝。设置通信使，奏事时禁止使用关文。放还苑囿中的禽兽，只把老虎捆缚到光禄寺。禁止僧道之人闲游，没有度牒之人，不许越境；每个县只许存寺观一所，每月奏报所理之事；男女年不过四十，不许出家为僧尼。制定大明律法。

8. 择相之错

朱元璋想让胡惟庸做丞相，刘基极力劝阻，但元璋不听，终于委任胡惟庸丞相的职务。于是胡惟庸陷害刘基，元璋听其谗言，剥夺了刘基的俸禄，但仍让刘基留在京师。胡惟庸想谋划叛乱，担心刘基反对，就用毒酒害死了刘基。洪武十三年（1380），丞相胡惟庸阴谋反叛，谎称他家井中涌出澄泉，邀请元璋前去观赏。元璋乘车正要起驾，内侍云奇已知胡惟庸的阴谋，上前勒马上诉，因事体重大，急得上言不搭下语，不能表达意思，元璋对云奇的不恭敬非常生气，命令左右棍鞭乱打，云奇临死前仍用手指胡惟庸的宅第，并不为疼痛而缩回。此时，元璋方才醒悟，立即登城眺望察看，发现胡府的屏帷间层层埋伏兵甲。元璋急忙返回，发兵包围胡府，罪人一一被捉，全部被杀。

元璋想召云奇，但他已经死了，深为哀悼，追封云奇为右少

钦赐印信

监,赐葬钟山。胡惟庸供出与李善长有牵连,但元璋赦免了李善长。宋濂的孙子宋慎与胡惟庸案有牵连,全家被抄,宋濂也被用枷铐押解到京师。元璋发怒,要处死他,皇后劝谏说:"宋濂亲自教授太子、诸王读书,怎能这样处置他;何况他早就回家住,必不知情。"这样,元璋才免宋濂死罪,发配茂州安置,但只到了夔州,宋濂就死了。胡惟庸死后,元璋十分思念刘基,命刘基的孙子袭爵诚意伯。

9. 平定云南

其时天下已经大部平定,只有元梁王把匝剌瓦尔密占据云南。朱元璋屡次遣使诏谕,梁王不仅不听,反杀害使者。元璋十分恼怒,遂于洪武十四年(1381)九月,命令颍川侯傅友德为征南将军,永昌侯蓝玉[1]、西平侯沐英为副将军,帅师三十万征伐云南。元璋亲自在九江为他们饯行,授以既定方针。大军南征,旌旗蔽江而上。傅友德到达湖广,分派都督郭英等帅兵五万,由四川向乌撒进军,自率大军由辰沅向贵州进军。友德等至普安,元梁王把匝剌瓦尔密派遣平章达里麻率领精兵十余万驻扎在曲靖以抵抗明军。元军刚到曲靖,傅友德率师加倍赶路快速前进,出其不意,直接进军曲靖。快到曲靖之时,忽然大雾弥漫,便冒雾

---

[1]蓝玉(?—1393),定远人,明初大将。洪武十二年封永昌侯,后晋凉国公。能征善战。

而行,又被河水所阻。此地正是白石江。

顷刻大雾消散,达里麻望见大惊,傅友德想要渡江追击,沐英说:"不行。"于是整顿明军临江装出渡河模样,暗派数百人从下游渡江,出敌阵后,在山谷间鸣金鼓、树旗帜作为疑兵。达里麻急忙撤退部队去抵抗,沐英这才拔剑督促军士渡江。元军阵脚已动,明军奋力进攻,大败元军,生擒达里麻,平定了曲靖。

傅友德分遣蓝玉、沐英帅师进军云南,自率数万进攻乌撒,为郭英等声援。把匝剌瓦尔密闻知达里麻战败,就弃城逃跑,携带妻子儿女一起去滇池而死。蓝玉、沐英等部至云南,元右丞观音保投降,云南平定。从出师到平定云南,仅百余日。

云南平定后,朱元璋召傅友德班师回京,留下沐英镇守云南。沐英是定远人,皇上初起兵时,收留他为养子,所以命他留守。

10. 治典与好杀

朱元璋求贤若渴,命天下朝觐官各自推荐一名有才干的人;又派遣使者分赴各地寻求德才兼备之士。江夏秀士曾泰有才有德,且学识渊博,朱元璋便任命他为户部尚书。

洪武十八年(1385),皇后马氏去世。马氏性格宽俭仁厚,常常劝元璋积德,不可枉杀人,元璋认为她非常贤惠。皇后死后,元璋终身不再立皇后。

朱元璋下诏选拔僧人分别侍奉诸王。有一僧人叫道衍,原姓姚名广孝[1]，苏州人，自幼出家，改名道衍，字斯通，喜好读书，擅长诗文，遇异人传授法术，能预知人的凶吉。文皇朱棣被封为燕王，开府北平，广孝拜见燕王说："殿下若能用我，我一定奉上白帽子让大王戴。"因此燕王自去求其父，元璋答应广孝去侍奉他。朱元璋还派遣御史去登录各省的囚犯，审察冤狱，颁行科举成式。规定生员巾服的制式，亲自审察，必求典雅，一共改了三次，最后定为襕衫（上下衣相连的服装）。还下诏命各公侯回乡，分别给予赏赐。当时朱元璋正大杀京师老百姓中有怨愤不忠的人，李善长请求赦免他的几个亲戚，元璋大怒，遂赐李善长死。

洪武二十一年（1388），朱元璋令大将军蓝玉征沙漠。蓝玉率兵直至捕鱼儿海，派人侦探得知元主营在海东面八十里，就乘风沙直逼敌营。元主惊恐而逃，蓝玉追击千余里，没有追上而返回。这次征战俘获元主的次子地保奴以及后妃、公主一百三十余人，抓获吴王朵儿只等将相官校三十人，男女七万，马驼五万。元璋大悦，下玺书表扬。秋七月，班师回京。元璋闻知蓝玉在北征中奸淫元主妃。便又痛加责备。

洪武二十五年（1392），皇太子朱标去世，朱标很有贤行，谥号懿文太子。元璋立嫡孙朱允炆为皇太孙。

[1]姚广孝（1335—1418），幼名天禧，长州人，十四岁出家，名道衍。

凉国公蓝玉恃功横暴，元璋屡加谕诫管束。蓝玉郁郁不乐，又感前途渺茫。遂聚集甲士、家奴，暗藏兵器，准备反叛。元璋闻知，将蓝玉逮捕，并凌迟处死，尽灭其家族。一时，公侯大官，以至将卒，以同党罪名处死的人有二万多，再加上胡惟庸的同党，前后诛杀了四万多人。元璋又因为元宵灯谜画一妇人手抱西瓜乘马，而马后脚甚大，说："你们拿皇后寻开心。因为画中暗指淮西妇马后脚大。"于是大杀京民中不守本分的人。元璋又曾微服出行，遇到一老妇人，叫元璋"老头儿"，于是又大杀京民中怨愤不忠的人。这两次所杀又数万人。此外，由于怀疑而被诛杀的人更多。作为朱明王朝的臣民，实在悲惨至极！

朱元璋聪明而有远见，神威英武，收揽英雄，平定四海，纳谏如流，求贤若渴，重农桑，兴礼乐，褒节义，崇教化，制定的各种法规都很相宜。自古以来，前所未有。但是他性格严明，晚年偏好诛杀，使一代开国元勋，很少有善始善终的。这就是他的缺点。元璋在位三十一年，洪武三十一年（1398）年闰五月去世，享年七十一岁。

皇太孙朱允炆即位，就是建文皇帝。他根据遗诏遣派使者通知各地藩王哀悼，谥祖父朱元璋为钦明启运峻德成功统天大孝高皇帝，庙号太祖，尊母吕氏为皇太后，追尊父懿文太子为兴宗孝康皇帝，下诏行孝三年但仍管理政事。

11. 燕王朱棣

户部侍郎卓敬密书上奏要求削弱藩王的势力。疏入宫中，朱

朱棣像

允炆搁置不理。于是燕、周、齐、湘、代、岷各藩王竟相煽动。齐泰[1]、黄子澄[2]首先建议削弱藩王,而采取何种方式,意见不一:齐泰提议先削弱燕王,黄子澄请求先削弱燕王的同党。朱允炆采纳黄子澄的意见,便命李景隆到河南捉拿周王朱橚和他的儿子、妃嫔,送到京师,削去王爵,贬为平民,迁到云南。燕王见周王被捉拿,就选拔壮士为护卫,以钩逃军为名,招揽异人术士。浙江鄞县人袁珙擅长相术,僧人道衍游嵩山佛寺时曾遇到袁珙,袁珙给道衍看过相后说:"宁馨胖和尚就是你啊,你长得三角眼,飘白,形如病虎,偏好杀人,将来就像刘秉忠那样。"道衍大喜,于是把他推荐给燕王。燕王召他到北平,派人与他到酒店喝酒,燕王改装混在卫士中,也入酒店喝酒,袁珙一见,急忙上前拜燕王说:"殿下为何轻贱自己到如此地步,殿下将来就是太平天子。"燕王大喜,即令袁珙住在道衍的僧舍中。

四川岳池教渝程济通晓术数,见火星占据天空中心,便上书说:"预计明年北方要起兵乱。"朝廷因为程济胡言乱语,把他召入北平处死。程济说:"求陛下先把我关起来,如果明年无

---

[1]齐泰(?—1402),明初大臣,溧水人,洪武进士。太祖临终,召授顾命辅皇太孙。首先建议削藩。后燕兵入京,被杀。

[2]黄子澄(1350—1402),名　,江西分宜人。和齐泰一起建议削藩。燕兵入京也被杀。

兵乱，再杀我也不迟。"于是程济被囚于狱中。燕王入朝，沿皇帝走的道而进入，登陛不拜。监察御史曾风韶弹劾燕王对皇上不恭敬，朱允炆说："骨肉至亲，无须问罪。"户部侍郎卓敬密奏说："燕王智虑过人，酷似先帝。北平是强盛之地，金元两朝皆由此兴旺发达起来，最好把燕王改封到南昌，以杜绝祸根。"允炆亦不听劝告。燕王回北平后便声称有病，时间一久，又称病重。时遇太祖小祥（古代父母死后十三月之祭），燕王派遣世子高炽及次子高煦、三子高燧到京师祭奠，齐泰、徐辉祖请求皇帝扣留他们，徐增寿却力保他们没有他图，所以允炆仍放高炽等人返回。燕王大喜说："真是天助我啊。"

允炆又派人捉拿湘王朱柏，湘王大怒，焚烧了其宫殿美人，自己也乘马执弓，跃入火中烧死。接着先后废掉了岷王朱梗、齐王朱榑、代王朱桂爵号，降为平民。

燕护卫百户倪谅上书告发燕府官于谅、周铎等人阴谋叛乱，允炆派人将他们逮捕到京师，全部处死，并下诏责备燕王。于是燕王假装疯病，在街市上边跑边叫，夺取他人的酒食，语言错乱，有时倒卧地下，数月不醒。张昺、谢贵来探视病情，见燕王盛夏围着火炉还瑟瑟乱抖，说："太冷了。"在宫中，也拄着拐杖行走。这样朝廷便稍不注意燕王的意图。燕府长史葛诚密告张昺、谢贵说："殿下根本就没有病，你们不要掉以轻心，否则一旦出事，心中无数。"谢贵等人越发加紧对付燕王。

齐泰上奏允炆派内官逮捕燕府官属，又密令北平都指挥史张信，亲手捉拿燕王。张信大惊，将此事告知其母，其母说：

"不可,你父曾说燕地将出皇帝,帝王是命定的,不是你能捉拿的。"张信前往燕邸求见,召入后张信拜在床下,燕王假装中风,不能说话,张信说:"殿下不必如此,有事应该告诉臣下。"燕王更称自己有病,张信说:"王爷果真不想告诉我实情?我这已接到立即捉拿您的密令。"燕王这才说实话,并立即召来道衍商量对策。正在这时,檐瓦掉在地上摔得粉碎,燕王很不高兴,道衍说:"上天想让殿下换黄瓦了。"燕王这才转忧为喜,与道衍定下谋略。这时谢贵等人集结军队布阵包围燕王府城,又用木栅阻断端礼门。燕王急呼护卫指挥张玉、朱能等人率八百将士来保卫,燕王问:"对方军队满城而我兵甚少,怎么办?"朱能说:"先擒拿谢贵、张昺,其他人便无能为力了。"燕王说:"这必须智取。现在奸臣派内官来逮捕官属,可按他们所要逮捕的人一一捉拿,然后令内官告诉谢贵、张昺,让他们来带人,他们一定会来,二人一来就将他们捆绑起来。"

第二天,燕王声称病愈,亲临东殿,四周设下伏兵。谢贵、张昺未加深思,果然入殿,被壮士抓住,两厢房伏兵全部出击,把葛诚揪下殿。燕王扔去拐杖起身说:"我有什么病?只是被你们这等奸臣逼迫装疯罢了。"于是,把谢贵、张昺、葛诚推出斩首。围城之兵惊恐相告,结果,谢贵、张昺所率之兵全部溃散,燕王因此占据北平。

根据明太祖制定的《皇明祖训》载:"朝廷内若有奸臣,允许诸藩王起兵清除君王跟前的坏人。"因此,燕王以诛杀齐泰、黄子澄的名义,废去建文年号,仍旧称洪武三十二年,把他的起兵称为"靖难",自己任免官名,任命张玉、朱能、邱福为指挥佥事。燕王朱棣又上书皇上,请求诛杀齐泰、黄子澄。允炆下诏削去燕王属籍。燕王派遣张玉攻破通州、蓟州,燕王又亲自率兵攻陷怀来,开平、龙门、上谷、云中等地,守将一一归降。

12. 清君侧

这时建文帝正锐意文治,天天与方孝孺[1]等人讨论周官法度,认为北方的兵乱不足为畏。黄子澄说:"北方兵历来强悍,如果不早抵御,恐怕要丧失河北。"于是命耿炳文为大将军,以李坚、宁忠为副将军,帅师三十六万北伐。又命安陆侯吴杰、江阴侯吴高等帅师并进。提拔程济为军师,护众将北行。大军号称百万,数道并进,直捣北平,发出檄文令山东、河南、山西各省联合供给军饷。建文帝告诫众将:"一门之内,自逞兵威,是不仁之最,你们务必要理解此意,不要让我担负杀害叔父的罪名。"耿炳文到真定,率所属部队分别扎营在滹沱河南北,徐凯率兵十万驻扎河间,潘忠驻扎鄚州,杨松统帅先锋九千人占据雄县。

燕王乘中秋佳节戒备松懈之机,亲自率兵攻破雄县,杨松与手下九千人全部战死。燕王推断驻扎鄚州的潘忠肯定会率兵来

---

[1]方孝孺(1357—1402),明官吏。字希直,一字希古,号逊志,宁海人。

救援，便在桥的两侧及水中设下伏兵，不久潘忠等果然来救，燕王进兵迎击，伏兵突起，潘忠腹背受敌，还未到桥边便被生擒。燕王率师直攻真定，耿炳文部将张保投降燕王，并告知燕王耿炳文有兵马三十万，先到的只有十三万，分别扎营在滹沱河两岸。燕王认为如果率兵迫近北岸，南岸的军队则会渡河增援，很难取胜。便安抚厚待张保，派他回去报告雄县、鄚州兵败惨状，让耿炳文合并其驻兵。张保依计而行，谎称兵败被俘，盗马逃回，并说燕王之兵很快前来攻击，如果将南岸之兵移并北营，就能集合全部兵力抗击燕军。耿炳文竟然采纳张保之言，将南岸兵调至北营。燕王派遣张玉、谭渊、马云、朱能等率兵奋击，并用奇兵袭击耿军背后，沿城夹击，横贯南阵，炳文大败，逃回真定。耿军被杀五万人，淹死之人不计其数。

耿炳文一向以老将知兵而著称，至此兵败，建文帝也开始担忧，召群臣询问对策。黄子澄说："胜败乃兵家常事，区区开府北平的一位藩王，怎能抵抗我统有全国的兵力，我愿调兵五十万，四面围攻，燕军寡不敌众，必然失败。"允炆问："谁能担统帅之职？"子澄答："李景隆文武全才，可当此职。"允炆同意子澄建议，并亲自在江浒为李景隆饯行。同时将耿炳文召回京师。

李景隆乘驿传之车到德州，收集炳文败亡将卒，并调各路兵马五十万进驻河间。燕王闻知，直呼李景隆的小名说："李九江，一个纨绔子弟而已，少谋略又骄傲，未学过打仗，给他五十万兵马，真是自取灭亡。"于是计划出兵诱敌。朱允炆深知几位叔父之中,燕王善战,宁王善谋。担心宁王和燕王联合,便下诏削去宁王三护卫。燕王闻知高兴地说:"这回定能取大宁。"遂派人给宁王送信,告知自己情况紧迫请求帮助,暗地里却率军进攻大宁,驻师城外。燕王单骑入城,会见宁王,拉着他的手大哭说:"北平很快被攻破,如果吾弟不上表奏,我肯定活不成了。"宁王为他起草表奏谢罪,要求皇帝赦免。燕王住了几日,与宁王情投意合,燕王辞去,宁王到郊外饯行,燕王的伏兵进攻,把宁王及其妃妾、世子、宝货挟持到北平。恰在此时,都督瞿能英勇善战,与其二子率领精锐骑兵千余人杀入张掖门,城几乎攻破。李景隆妒忌瞿能的战功,派人阻止他进攻,于是城中防守更为坚固。燕王用攻取大宁之兵还击,城中之兵也出击,内外夹攻,景隆抵抗不住,结果兵败逃回德州。黄子澄等人隐瞒败绩不奏,只称因天寒暂住德州,待明年春天再大举进攻。

建文二年(1400)四月,李景隆又从德州进军,过河间,与郭英、吴杰等人合军六十万[1],号称百万,进军白沟河,与燕王的"靖难"兵交战。都督平安与瞿能父子率众奋勇进攻,箭石如雨,杀伤甚众。建文帝之军飞矢如注,齐射燕王坐骑,马三次被射中,燕王三次换马,马后退而被河堤阻挡,几乎被瞿能追上。燕王急忙登堤,佯装挥鞭,好像指挥后面的部队,李景隆怀疑有埋伏,不敢冲上河堤。恰好突起旋风,吹折南军大将旗,南军大

---

[1]郭英、吴杰原本作郭吴杰,脱漏。据《明史》校补。

乱，崩溃之声如雷，瞿能父子力战而死。燕王于是下令顺风放火，焚烧南军各处营寨。郭英等人溃败向西逃窜，李景隆溃败南逃，南军被杀死淹死之人有二十多万，燕军攻入德州。

燕王率兵围攻济南，山东参政铁铉[1]、统兵盛庸等尽全力抵御，大挫燕军。燕王下令决开河堤用水灌城，城中大惧。铁铉说："不要怕。"便佯装下令军民出城投降，请求燕王不要多带兵马入城。燕王大喜，答应了他，燕兵也停止决堤放水。铁铉定下计策，当燕军用炮击城，城将破时，他书写太祖高皇帝神牌悬在城上，燕军便不敢炮击。燕王围济南城，三月不能攻破。铁铉又假降，让勇士开城门，悬铁板在城上，等燕王入城时，突然放下，但因放得太早，击中燕王马头，燕王大惊，换马逃走。燕王为此恼羞成怒，但又难以攻破城池，只好撤兵。铁铉、盛庸等乘势收复德州，南军兵势稍振。建文帝召回李景隆，用铁铉为兵部尚书，盛庸为平燕将军，以抵御燕军。燕王率军至汶上，夺取济宁，盛庸、铁铉悄悄跟随燕军后营到东昌。燕军进攻东昌，盛庸、铁铉背城布阵，布置火器、毒箭准备抵抗。燕军到，立即边叫喊边向前冲锋，但却被南军火器所伤。正巧平安带兵赶到，与盛庸军会合，由盛庸指挥南军大战。燕王以精锐骑兵进攻南军左翼，冲进中坚。盛庸军层层围住燕王，朱能率领西域骑兵冲入，奋力死战，把燕王救出。张玉不知燕王已冲出包围，突入阵中营

---

[1]铁铉（1366-1402）字鼎石，河南邓州人。官拜兵部尚书。

救,结果死于乱箭之下。盛庸军乘胜抓获并斩杀万余人,燕兵大败,向北逃跑,盛庸督兵追杀,死者不计其数,燕王单人独骑殿后,追杀者数百人,由于已奉皇帝之诏,所以不敢杀死燕王。恰在此时,燕王世子朱高煦指挥华聚等人赶到,击退盛庸之兵。

北平闻兵败消息,全城震动。僧人道衍对燕王说:"我以前曾说,率兵进攻必胜,只是要用两日。两日为昌字,从此必获全胜。"道衍与朱能极力劝燕王再次起兵进攻。燕王亲自著文祭祀阵亡将士张玉等人,泪如雨下,脱下所穿战袍焚烧祭奠死者,意为给死者穿上战袍。燕王遂重率"靖难"兵进攻,与盛庸大战于夹河。忽然东北风大起,尘土飞扬,盛庸军中一片昏暗,咫尺之外,什么也看不见,燕兵大声呼喊,乘风向前进攻,盛庸军大败,被踩死之人不计其数,只好撤退保卫德州。燕王派遣都指挥李远焚烧南军的军备粮饷。李远等再到济宁,烧毁粮船数万艘,粮食数万担,军资器械全被烧成灰烬。德州粮饷短缺,京师大为震动。

燕王朱棣决心直接向金陵进军。遂帅师从北平出发南下,攻陷东河,进入沛县。平安等人与燕兵在淝河边展开激战,燕军布置伏兵击败南军。平安的战将火耳灰者、哈三帖木耳都被活捉,平安退驻宿州。燕兵攻陷萧县,总兵何福、都督平安等人屯兵于灵璧。朱允炆命令徐辉祖帅师会合何福等人,与"靖难"兵大战于齐眉山。何福击败燕兵,在阵前斩杀燕大将陈文。平安继续向前进攻,在北阪与燕王遭遇,燕王处境危急,几乎被平安用枪刺中,平安的战马忽然腿向后踢不肯前行,燕军西域骑兵指挥王骐跃马冲入阵中，救燕王脱险。南军勇气百倍，一时传言"靖难"兵失败北归。朝廷中有大臣说："燕兵已北逃，京师不可无兵。"朱允炆听从其言，便把徐辉祖召回京。何福孤军无援，燕王派骑兵截获南军粮饷，何福下令部队移住灵璧以筹粮饷。燕兵来劫粮，平安等人帅师援救何福，被燕军伏兵杀败，何福、平安等人只得入营坚守，燕兵趁机层层包围。这天夜晚，何福下令："待明天闻听三声炮响，立即突围出兵淮河筹粮。"第二天天未亮，燕军进攻灵璧南军营垒，燕王率诸将首先登城，军士像蚂蚁般地跟随而上。燕军发出三声炮响，何福部队以为是自己的炮声，急忙冲向营门，门被堵塞冲不出去，军营中一片混乱，燕军急忙进攻，于是攻破南军之营。何福逃走，平安被捉，南军势力更加衰败。

当时，驸马都尉梅殷娶高皇帝长公主为妻，镇守淮安，尽心防御。燕王前来借路，被梅殷严厉抵抗。燕王不能从淮安南下，便转而渡泗水攻盛庸，盛庸率领骑兵、步兵数万人，战舰数千艘，列营淮河南岸。燕王下令将舟船编筏，扬旗大喊，好像将要渡河，暗下却派邱福、朱能、狗儿等人向西行二十里，用小舟偷偷渡河进攻盛庸背后。将接近盛庸军营时，连放数炮，南军惊吓逃跑，盛庸双腿颤抖不能上马，仓忙中乘一小舟逃去。燕兵缴获盛庸军全部战舰，乘胜渡淮河，驻扎南岸。樊士信战死。燕兵又攻陷盱眙、天长，进兵扬州，扬州守将崇刚、监察御史王彬战死。燕王又攻陷高邮、仪真。

朱允炆下诏全国调兵勤王，讨伐燕王。仪真已破，燕军之船往来江上，旌旗遮天，燕王驻师长江以北。朝廷六卿、六臣大多从保全自己的立场出发，请求出去守城，都城空虚。只好遣使四出，征兵守卫朝廷。方孝孺请求皇帝，以吕太后之命派庆城郡主到燕军去议和，条件是将国家分为南北。庆城郡主是燕王的堂姐，燕王见到郡主后大哭，郡主也哭。燕王问："周王、齐王在什么地方？"郡主答："周王被召回，没有恢复爵位，齐王仍被囚禁。"燕王悲痛不已。郡主慢慢地说了割地之议，燕王说："你前来讲情，都是为了奸臣！先皇父分给我的地都不能保全，怎么敢希望再割地？替我谢天子。我与皇帝为至亲，没有其他意图，只等抓到奸臣，祭祀孝陵，朝拜皇帝，恢复旧的典章制度，免去诸王之罪，立即返回北平，只奉藩王辅助之禄。另外替我对各位弟、妹说，我差点不免这场灾祸，靠宗庙神灵保护，今后会有相见之日。"郡主返回，告知皇帝。朱允炆与方孝孺商议，方孝孺说："长江天堑，只要全部烧毁江北渡船，燕军怎能飞渡过来？"燕王之兵到达浦子口，盛庸手下诸将迎战燕王，打败了燕军。恰在这时，朱高煦带燕军骑兵赶到，燕王大喜，抚摸高煦背说："你好好打仗吧。世子多病，事成之后，我立你为太子。"高煦于是殊死而战。燕王率精锐骑兵直冲盛庸之阵，盛庸军稍稍后撤。朱允炆派都督金事陈瑄率舟船前往增援盛庸，陈瑄却投降燕王。陈瑄准备舟船到江上来迎接燕王，燕王便誓师渡江。盛庸军驻扎江边的船只、兵马，绵延二百里。燕军逐渐靠近江岸，盛庸军整装以待。燕王指挥诸将击鼓登岸，用精锐骑兵数百冲击盛庸军，盛庸军溃败，燕军追出数十里，盛庸单骑逃走，其余将士都投降了燕军。燕王又招降镇江，继续前进。

方孝孺请求让诸王分守城门，朱允炆遂命谷王朱橞、安王朱楹分守都城城门。接着，允炆召集群臣，痛哭不已。有人劝皇帝巡幸浙江，有人说："不如巡幸湖湘。"方孝孺请求坚守京城等待援军，万一失利，再车驾巡幸西蜀，收集人马，以图后举。齐泰逃奔广德州，黄子澄逃奔苏州。允炆长叹说："事由你们引起，现在却都弃我而去。"燕王整兵前进，屯兵在金川门。这时谷王朱橞与李景隆把守金川门，见大势已去，便开城门投降。魏国公徐辉祖率师迎战而败，京城被攻破，朝中文武全部投降。

13. 皇帝出家

朱允炆以徐增寿暗地通燕，导致北伐失败，十分恼恨，便命左右抓来徐增寿，责以大义，亲手杀了他。急忙命人举火焚烧宫殿，皇后马氏投火而死。朱允炆亦要自杀，翰林院编修程济说："不如出逃。"少监王钺跪拜说："当年高皇帝去世时留有遗箧，嘱咐'遇到大难时可打开'，现小心收藏在奉先殿之左。"群臣齐言赶快拿出来。一会儿，抬来一个红色小箱，四周都用铁皮围固，两个锁也灌了铁。允炆见后大哭。程济急忙砸碎红箱，得到三张度牒，一名应文，一名应能，一名应贤，还有袈裟、僧帽、僧鞋及剃刀，另有白银十锭。箱内还有一张朱书，上写："应文从鬼门出，其余人从水关沿沟而行，日落时会集在神乐观西房。"建文帝说："天命如此。"程济便为皇帝剃发。吴王教授杨应能愿剃发随皇帝出家，监察御史叶希贤说："臣名贤，是应贤无疑。"亦削发。三人各自更换僧衣，一共五六十人，都发誓随皇帝出逃。允炆说："人多不便出走，你们各自从便。"

九人随同皇帝到鬼门。这时一只船停靠岸边，上面是神乐观僧人王升，见皇帝来叩头称万岁，然后说："臣已知陛下要来。昨天夜里梦见了高皇帝，他让臣来此等候。"于是乘船到太平门。王升引路到神乐观，已是日落时分。一会儿，杨应能、叶希贤等十三人同来，一共二十四人。允炆说："今后只以师兄弟相称，不必拘于君臣之礼。"约定杨应能、叶希贤、程济三人不离皇帝左右，杨应能、叶希贤称比邱，程济称道人。给运衣食之人六个，有：冯㴲、郭节、宋和、赵天泰、王之臣、牛景先，其余六人分住各处应援。黎明之时取道溧阳而去。

建文帝在位四年，孝敬宽和，仁慈节俭，尊贤礼士，一时风俗醇厚，天下都爱戴他。可惜他拘泥古礼，擅自篡改祖制，被昏庸迂腐所执，没有驾驭英雄之才，难免不败。当初，建文帝在宫中分别时，兵部侍郎廖平请求他，将皇长子朱文烽隐藏带走，寄养在黎平土司曾长官家中，于是朱文烽改姓曾。廖平又把小妹嫁给他，他们的后代重新改姓朱，至今仍繁衍生存。

建文帝出逃后，先入蜀，不久，又入滇，曾经往来于浙东、天台、广西、云贵各地寺庙中。明英宗正统五年（1440），曾到滇南，对寺中僧人说："我是建文皇帝。"寺中僧人大惊，上告思恩州官，又转而将他迎到藩司堂，众人见他坐南朝北，自称是建文帝，于是便把他送到京城，朝廷命建文帝在位时的太监吴亮审视，建文帝一见吴亮便说："你不是吴亮吗？"吴亮说："不是。"建文帝说:"我当年御便殿,食子鹅,赐给你肉,你手提壶,我把肉扔在地上,你趴在地上像狗似的舔鹅肉。还说不是你吗?"吴亮伏地大哭。建文帝左脚趾有黑痣,吴亮抚摸观之,又大哭,不能仰视,退下自走。于是把建文帝迎进宫内,宫中人都称他"老佛",程济等听说后便走了。建文帝二十六岁出逃,归京时年已六十四岁,后来寿终正寝,葬于西山,西山不植树木。此是后事。

14. 燕王称帝

这时京城已被攻破,诸王及文武臣僚都劝燕王做皇帝,燕王命朝拜孝陵后,然后入城。建文四年(1402)七月初一,朱棣于南郊大祀天地,于是即皇帝位,便成为明成祖文皇帝,下诏这一年仍称洪武三十五年,第二年为永乐元年。恢复周王朱橚、齐王朱榑爵位。清宫三天,原宫人、女官、内官多被杀,只有得罪过建文帝之人仍留下。朱棣责问宫人、内侍建文帝在何处,这些人都指马皇后尸为应。于是朱棣命人从烧过的灰烬中抬出尸体,哭着说:"小子无知,才至于此。"并召翰林侍读王景问葬礼应当如何进行,王景答:"应当以天子之礼埋葬。"朱棣依王景之言而行。迁吕太后之陵到懿文太子陵,并将懿文太子之子允熥、允烴、允熙降为郡王,很快又降为平民,后来都不得其终。又将建文帝小儿子幽禁于广安宫,后也不知所终。朝廷出榜公布齐泰、黄子澄等奸臣百余人的罪行,悬赏捉拿他们。自此后,以告发、擒获奸臣得官之人甚多,乘机报私仇的人也不少。

文皇帝朱棣召徐辉祖，亲自问罪，待取过状纸一看，辉祖只写其父有开国功劳，子孙应免死等话，文皇大怒，勒令其回私第，革除其俸禄。当初就是道衍把方孝孺秘密推荐给文皇，因此文皇把方孝孺召来，方孝孺披麻戴孝，来到皇宫就大哭。文皇要他起草即位诏书，方孝孺只写了几个大字："要杀就杀，诏不可草。"然后把笔扔在地上，边哭边骂。文皇大怒，就杀尽方孝孺全族，一时间以方孝孺同党罪被杀的人有八百七十余人。兵部尚书铁铉也被捉到京城，见朱棣时毅然背立，大骂不屈，被碎刀割死。文皇命人抬来大锅，倒入数斗油熬沸，投入铁铉的尸体，顷刻便化成炭。文皇又命人将其尸朝上，辗转向外，命内侍用十来根铁棒夹住残骸，令其面朝北，文皇笑着说："你今天也来向我朝拜吗？"话未说完，锅中热油沸起，飞溅丈余，烫烂了诸内侍的手，吓得他们丢下铁棒就跑，铁铉之尸反背如前。文皇大惊，命人安葬之。户部尚书卓敬、礼部侍郎陈迪、刑部尚书暴昭、右副都御史练子宁、礼部侍郎黄观、大理寺丞邹瑾、佥都御史司中、大理寺少卿胡闰、刑部尚书侯泰、监察御史高翔、王度、董镛、巨敬、宗人府经历宋征等人都坚贞不屈，全被惨杀，尽灭其族。朱棣又命人把黄子澄、齐泰捉到京城，皆杀死，灭其族。一时被杀诸臣的妻女还没有自杀守节的，或给配象奴，或发配到教坊为妓，或纵容士兵轮奸后发配为娼，死则裸露其尸。此外前朝的官员有的与妻奴全家自尽，有的痛哭自尽，有的不屈被杀，有的躲藏起来，这样的人数不胜数。

　　佥都御史景清知道建文帝出逃，还想复兴，就假装归附文皇。正好灵台官奏称有文曲星急犯帝座，其颜色赤红。八月十五日早朝时，景清独自穿绯红的衣服上朝，令人生疑。朝毕，景清奋力向前跃起，就要行刺皇上，文皇急命左右将他捉住，从他衣中搜出佩剑。景清知道他光复之志已失败，就起立大声谩骂。文皇命人拔去他的牙齿，景清便将满口鲜血直喷皇帝御衣之上，文皇命人剥其皮，里面塞上草，系在长安门上，并剁碎其骨肉。

那天傍晚，景清的精魂多次出现，文皇车驾过长安门，绳索忽断，所悬的皮向前行走数步，似乎仍要侵犯御驾，文皇大惊，命人将其烧掉。事后，皇上午睡，梦见景清举剑追绕御座，醒来说："难道景清成为祸害了吗？"就命人诛杀其全族，村里也变为废墟。

文皇大封靖难功臣邱福、朱能、张武、郑亨、顾成、王聪、陈珪、孟善、郑亮、王忠、徐忠、张信、李远、张辅、谭忠等，论功封赏，分别对待。立皇妃徐氏为皇后。

明成祖文皇帝，号永乐，既然已夺过皇位，就下诏以北平为北京。恢复代王朱桂、岷王朱楩的封爵。朱棣与大臣商议立继承人，武臣都请立高煦，说他有护卫之功。只有文臣金忠、解缙、黄淮说："嫡长子继承皇位是万世正法。"解缙又说："好圣孙。"（文皇非常钟爱长子高炽的大儿子）于是文皇立高炽为太子，封高煦为汉王，高燧为赵王。

15. 成祖靖边

成祖任命姚广孝为太子少师，赈济苏湖一带。广孝前往探视其姐，姐拒绝见他说："贵人何必到贫家来？"不让他进来，于是广孝换了僧服又前往探望，姐仍坚不肯出，家人劝她，姐不得已，出来立在堂中，广孝赶忙下拜。姐说："我还用得到你许多拜吗？什么时候见过连和尚也做不到底的人，还是个好人吗？"马上回到屋里，不再见广孝。

李景隆图谋不轨，编造预示吉凶的图，称十八子应当做皇帝，于是被处死。

安南国王陈日焜，被他的大臣黎季犛弑杀。黎季犛窜改姓名，上表伪称陈氏无继承人，要求自己主持国事。文皇同意他的请求。第二年，已故安南国王的孙子陈天平逃到京师，上告诉冤。文皇派人谴责黎季犛，黎季犛上表认罪请求陈天平回国。文皇就命广西都督黄中派兵送陈天平回国。黎季犛在半路设埋伏杀了陈天平，黄中等人领兵回返。文皇闻知此事，大怒说："卑鄙小丑，罪恶滔天。我诚心诚意对待他，却被他所骗。这种人不杀，要兵何用？"于是命朱能、张辅等帅兵分道前去讨伐。朱能有病，便留守龙州，不久病死。张辅等人帅兵攻入安南。黎季犛守备甚严。张辅袭破其西城，又用布画上猛狮蒙在马上，用神机铳攻破敌方的大象阵，攻克了东都。黎季犛逃入海中，被张辅军追上杀败，活捉黎季犛及他的儿子黎澄，余下的将士全部投降。安南被平定，得十五府、四十一州、二百零八县。

山东蒲台县妇女唐赛儿[1]起义，能剪纸人马助战，并称能预料未来之事。最初她以新寡之妇，祭祀夫墓，获得书剑，于是削发为尼。后重又蓄发，占据益都等地，杀伤官军甚多，势力甚为强盛。文皇朱棣派安远侯柳升前去剿伐唐赛儿，结果失败而逃。文皇捕捉唐赛儿心切，连累了普通妇女百姓。唐赛儿忽然自首，裸身被捆绑，却怡然不惧。临刑时刀枪箭火器都不能伤她，一会儿便又隐身逃走。

闻浚会通河，文皇命皇少子监守京师，自己巡幸北京。又命皇长孙留守北京，皇上亲率众人北征到清水源。清水源之水咸苦，不能喝，人马皆渴。忽然在大营的西北处有清泉涌出，于是朱棣赐名为"神应泉"。朱棣到了上清塞，夜间仰天遥望北斗思念故乡。当车驾驶到元太祖始兴之地干难河时，遇到本雅失里率兵抵抗，朱棣一鼓作气将其打败。本雅失里远逃，于是文皇班师回朝。第二年，瓦剌顺宁王马哈木[2]没有进朝纳贡，而且要骚扰边界。文皇朱棣再次率兵亲征，击败马哈木之兵。马哈木向北逃去，文皇便班师回京。因此将都城定在了北京。

文皇封次子朱高煦为云南王，高煦推说太远不肯去，文皇又将他改封青州，但他仍不肯去。高煦还暗地里制造兵器，豢养死

---

[1]唐赛儿，明初农民起义军女首领。

[2]马哈木（？—1415），明朝蒙古瓦剌部首长，永乐六年封为顺宁王。

士。文皇听说后大怒,要杀高煦,太子朱高炽竭力相救,文皇便又改封他到乐安州,并说:"如果他要起祸,可以早晨出发,傍晚就抓住他。"蒙古鞑靼部将领阿鲁台侵犯边境,杀死兴利守将王焕,文皇亲自征讨阿鲁台。当皇驾行至鸡鸣山时,阿鲁台闻听消息,乘夜逃跑。阿鲁台杀了可汗本雅失里,自称可汗,再度骚扰边界。朱棣复又亲征到上庄堡,鞑靼王子也先士干率领众兵将来降,朱棣取胜班师回京。第二年,阿鲁台又侵犯大同,文皇命皇太子监国,自己亲率众人征讨,大学士杨荣[1]、金幼孜随从。皇师到达清水源,阿鲁台远逃。文皇睡梦里见神人相告说:"天上大帝喜好生命。"这种梦反复出现,于是赶紧班师。行到苍崖时,文皇感到不舒服。七月廿七日,军队到达榆柳川,文皇病势加重,召来张辅传授遗命,传位给皇太子。第二天,文皇去世,杨荣等人密不发丧,秘密将大行皇帝讣闻传到京师,皇太子派遣皇太孙前往开平迎接梓宫,此时军中才发丧。

明成祖朱棣文武全才,宽严并济;知人善任,谗间不行;用兵应变,机智如神;郡县有遇灾伤,免租赈谷;容受直言,保全功臣。外国受封之国有三十余个,国势极盛!唯独对建文忠臣,男子诛杀,女子为娼,不能说是没有遗恨。成祖在位二十二年,寿六十五岁。

[1]杨荣(1371—1440),字勉之,建安人。建文进士,辅政四朝,是明朝名臣。

16. 仁宗圣明

文皇的梓宫运至京师,皇太子朱高炽即位,成为仁宗昭皇帝,改次年为洪熙元年。立妃张氏为皇后,任用蹇义、杨士奇[1]、杨荣、夏原吉、金幼孜、黄淮、杨溥[2]等人,天下称颂其统治。高炽将建文时的奸党族属赦免放归家,将发放至教坊的人宽恕从良,还给田产。当时有从南京来的人,高炽询问他们所经过之地情况,来人回答说:"淮、徐、山东地区,百姓多缺食,但有司征税却很急。"高炽没有令部议,便召来杨士奇拟草诏,将上述地区的税收全部免除,然后才让户部、工部得之。高炽皇帝明于星象,一夜忽见有星变,忙召蹇义、杨士奇等人来说:"天命尽矣。"于是叹息道:"我监国二十年,被谗言邪恶所扰,心之忧危,我们三人相同。依赖皇父仁明得蒙保全。我去世之后,谁还能知我三人之心呢?"边说边流下眼泪,蹇义、杨士奇亦流涕。五月,高炽患病,召蹇义、杨士奇、黄淮、杨荣到思善门,命人书写敕令,劲马飞驰将皇太子从南京召回。第二日昭皇帝去世。仁宗皇帝天禀纯明,至性孝友,从善改过,恭俭爱民,足称令主。在位仅一年,寿四十八岁。

---

[1]杨士奇(1365—1444),名寓,以字行,号东里,泰和人,明朝大臣。

[2]杨溥(1375—1446),字弘济,石首人。建文进士,明朝大臣。

17. 宣宗治平之世

当时皇太子尚未至，群臣请郑王、襄王监国。洪熙元年（1425）六月，皇太子朱瞻基由南京到达北京，于是即皇帝位，他就是明宣宗章皇帝，改次年为宣德元年。立妃胡氏为皇后。

汉王朱高煦在乐安州，没有一日忘掉谋反，到宣宗皇帝即位时，谋反之心更为坚决。他召集亡命之徒，又派人密约英国公张辅等人作为内应。张辅立即把来约之人捆缚上告皇上。高煦上书指责夏原吉等人为奸佞，应当诛杀。章皇帝说："高煦果然是要谋反。"乘夜召辅臣商议。杨荣首劝皇帝亲征，朱瞻基面有难色，夏原吉又说："兵贵神速。"杨荣也说："对！"于是朱瞻基下决心亲征。第二天，章皇帝诏谕百官亲征。瞻基等大军准备停当，便与蹇义、夏原吉、杨士奇、杨荣、杨溥兵发京师，并命郑王、襄王留守。章皇帝车驾到乐安，汉王大为恐惧。章皇帝下书给汉王对他说，让他将谋反的首犯抓来，如果他愿意归命朝廷，尚可以保全性命。又把敕令系在箭头上射入城内，命令城中之人抓高煦来献。城中之人大多想执献高煦。章皇帝驻军于乐安城北，发射神机铳，声振如雷，城中之人吓得浑身哆嗦。高煦狼狈失去控制，于是偷偷出城，顿首谢罪。章皇帝于是抓获汉王父子，班师回朝。

群臣想要顺势取赵王，唯独杨士奇认为不可，杨溥与杨士奇意见相合。章皇帝便封了群臣奏章，派使臣交付赵王，令他自处。赵王大喜说："我可以活命了。"于是献护卫，上表谢恩，言者始平息。

章皇帝回到京师，将汉王高煦废为庶人，拘禁在大内逍遥城。章皇帝去看高煦，高煦出人不意，伸出一脚，将皇帝勾倒在地，左右急忙救起皇帝。章皇帝大怒，命令大力士抬铜缸盖住高煦，铜缸重三百斤，但高煦有力，竟把缸顶起，于是朱瞻基又命人在缸上积炭如山，燃烧木炭超过一个时辰，熊熊烈火将铜缸熔化，把庶人高煦烧死，他的几个儿子也都被杀。

安南人黎利反叛，屡次打败官军。黎利请示朝廷，请求重新立陈氏之后为安南国王。朱瞻基认为国中疲惫，远征无益，于是答应了他，册封陈暠为安南国王，罢征南兵。后来黎利篡夺陈暠之位自立为王，派人入朝纳贡谢罪，请求皇帝册封群臣。有人请求皇帝讨伐黎利，朱瞻基不许，封黎利为安南国王。安南国也就是交趾国，自此之后朝贡不绝。

朱瞻基想立贵妃孙氏为皇后，便用意开导胡皇后，让她以有病为由辞掉皇后之位。朱瞻基由此废了胡皇后而立孙氏为皇后，胡后居住别宫，但朱瞻基亦不亏待她，恩御进膳如常，每到宴会，必命她居位于孙后之上。

章皇帝朱瞻基担心秋高马肥时胡人骑兵侵犯边疆，于是整顿兵马，驻扎喜峰口以待敌军。守将奏报兀良哈率领万名铁骑骚扰边界，章皇帝精选铁骑兵三千飞奔前往。敌人望见远处来军，以为是戍守边疆之兵，即以全军来迎战。章皇帝命令将铁骑分为两路夹攻敌军，并且亲自射杀敌军前锋，杀死三人。两翼飞矢如云，敌人不敢前进。继而，章皇帝又命连续发射神机铳，敌军人马死者大半，剩下的全都溃逃。章皇帝用数百铁骑直驱前行，

宣恩

敌人望见黄龙旗，才知道是皇帝亲征，于是全部下马拜倒在地请降，章皇帝将这些人都捆缚抓获，大胜而归。

宣宗宣德十年（1435）正月，章皇帝患病，百官于文华殿朝见皇太子。第二天章皇帝去世。宣宗章皇帝朱瞻基在位十年，寿仅三十七岁。宣宗皇帝天资英畅，敬礼大臣，勤恤民隐，慎于用人，严惩脏吏；或说臣下有过失，密加详察，实则加罪，诬陷则重惩诬告之人。张辅、夏原吉、蹇义、杨士奇、杨荣、杨溥、金幼孜、吕震、胡濙等人同心辅政，号称治平之世。

18. 王振乱政

宣宗皇帝去世时，皇太子年仅九岁，内臣议论颇有想立长君之说。英国公张辅、杨士奇、杨荣等人，哀临哭毕，请见皇太子，见后立即叩头呼"万岁"，浮议于是平息。皇太子朱祁镇即皇帝位，是为英宗睿皇帝，改第二年为正统元年。

太监王振，山西大同人。最初，在东宫侍侯朱祁镇，等朱祁镇即位后，便命他掌管司礼监，对他非常宠信，称他为"先生"而不呼名字。王振于是擅自专权，作威作福。张太皇太后御临便殿，将英国公张辅、大学士杨士奇、杨荣、杨溥、尚书胡濙召入殿内。朱祁镇立于东面，太皇太后对他说："这五个人为先朝所检验，用来辅助皇帝，凡是有所行事，必要与他们商议。"又命宣王振来，太皇太后一见到他脸色顿时变化，想要杀他。朱祁镇跪下为他请求宽恕，才得以解脱。

正统二年（1437）六月，京师闹大旱，当时御巷小儿为土龙祈祷求雨,拜地歌唱说:"雨帝雨帝,城隍土地,雨若再来,还我土地。"成群结队地呼喊,却不知此歌从何而来。没过多久,便有监国即位之事,接着又有复辟之举。有人说"雨帝"指的是"与帝";"城隍"则指的是"郕王";而"再来还土地",指的是复辟。后事全都应了这支歌谣。

太皇太后张氏死后,王振更加肆无忌惮。侍讲刘球弹劾王振专权,结果被投入监狱,接着,王振派小校到狱中将刘球砍头杀死。王振平时最恨大理寺少卿薛瑄,于是便设法把他下狱。王振将要杀薛瑄时,幸得各位大臣相救,才免除一死,将他放归故里。没过多久,杨士奇、杨荣、杨溥都去世了,王振越发横行。福建人邓茂七[1]造反起事,自尊为闽王,集合民众数十万人,一时引起很大震动。邓茂七的儿媳廖氏,尤为善战。御史张楷讨伐并斩杀邓茂七,宁阳侯陈懋削平邓其余同党。

正统十四年(1449),北方大敌也先[2]派来使来朝进贡两千马匹,但却谎报为三千。王振因为这里有诈而大怒,削减马价。北使回去报告也先,两国于是失和,也先发兵寇边。此时天上火星占据南斗位置,久不退去。侍讲徐珵,苏州人,颇知天文,看

---

[1]邓茂七(?—1449),名云,建昌人。明中叶福建农民起义军首领,于1448年起义,自称"铲平王"。

[2]也先(?—1455),蒙古瓦剌部首长。土木堡事件后,杀脱脱不花,自立为大元田盛大可汗,诸部不服,被杀。

到这种天象便说"大祸不远了"。写信让他的妻儿南归。他的妻儿对重迁有难色，徐珵大怒说："你想做鞑子的妇人吗？"北敌也先果然大举进攻，大同之兵失利，边塞城堡大多被攻陷，声息甚急。

王振不与大臣们商议，便挟天子英宗师师亲征。文武百官伏地恳求皇帝不要亲征，英宗不从。七月十七日，皇驾起行，命令太监金英辅佐郕王居守京师，文武大臣都匆匆随皇帝出行，官军连同私属共有五十余万人。大军出居庸关，经过怀来，到达宣府。连日来不是刮风就是下雨，军中人情纷乱，北敌声息更急。守边之将并原等人接连报来败绩，随驾文武大臣连连上表章请求留在该地，王振大怒，下令将这些人于阵前拷打。大军还未到达大同，兵士已开始缺粮，饿死之人满路皆是。大军到达大同后，王振便要进兵，而且北行之心更加急迫。成国公朱勇膝行听命，户部尚书王佐整日跪伏于荒草之间，只有钦天监正彭德清怒斥王振说："天象已经示警，不可再向前行。一旦有差错疏忽，谁负得起这个责任？"王振大怒说："即使如此，也是天命。"

担任前锋的西宁侯朱瑛、武进伯朱冕都全军覆没，王振开始有回转之意，定下第二天班师。大同副总御郭登说皇驾应该从紫荆关回京，或许可以保全没有疏漏，王振不听。王师过鸡鸣山时，敌军追到，朱祁镇派遣朱勇率兵五万抵御。敌军于山下分成两路夹击，将朱勇人马全部杀尽。

19. 土木堡之变

兵部尚书邝埜请求皇帝坐车飞奔入关，用严兵殿后。王振愤怒地说："腐儒怎么知晓兵事。"第二天，车驾行至土木堡，天还未亮，离怀来城只有二十余里路。朱祁镇想入怀来城，但王振检点自己辎重还缺少千余辆马车，便命大军驻兵土木堡等待这些车辆。敌军见明军不往前行，便假称后退，派使持书来通和。皇帝朱祁镇召曹鼎草拟敕令与敌议和，并派遣两名通事与敌军使臣一同前往敌营。王振急忙传令移营南行。大营向南行进还不到三四里路，敌人从四面包围而来。士兵争先逃走，行列大乱。敌军铁骑兵突入阵内，大声呼喊："解甲投刃者不杀！"于是明兵连忙弃甲逃窜，互相拥挤踩死之人，满山遍野。

朱祁镇与亲兵乘马突围，没有冲出去，于是下马盘膝面向南而坐，有一敌将向皇帝索取衣甲，朱祁镇不给，他便想杀害皇帝。这时敌将之兄赶来说："这人不是凡人。"结果把朱祁镇带给也先之弟赛刊王。朱祁镇问他："你是也先吗？还是伯颜帖木儿？或者是赛刊王？大同王？"赛刊王听皇帝之语，大为惊奇，赶忙见也先说："部下抓获一人甚异，莫非是大明天子吗？"也先便召曾经出使中国的人来察看，问是不是大明皇帝，一人见后大惊说："是！"也先说："我曾仰天祝福，求老天让大元统一，今天大明天子落入我手，该怎么处治呢？"众人都想杀死皇帝。伯颜帖木儿却说："不可。大明天子坐在云端里，上天不知因何原因把他推了下来。他能在万众死伤之中，一箭不沾，寸兵不染，我知道这是上天有意如此。我等曾受他恩赐，不如把他放还,让中国派使来迎接。一旦他重新登上王位宝座,我们不是有传万世之美名吗?"众人都说:"对呀!"于是也先把朱祁镇送到伯颜贴木儿之营,令人守护。伯颜帖木儿是也先的弟弟。

英宗皇帝在位十四年这才是第一次北巡,护驾的百官之中,英国公张辅、尚书邝埜、王佐、学士曹鼐、张益等都死于此行。激战中护卫将军樊忠从朱祁镇身旁用他所持的铁锤将王振杀死,然后突围,杀死敌军数十人,自己也战死。

战况报到京师,朝野大震。皇太后遣使臣携带重宝文绮,装满八辆大车。皇后钱氏,也尽括宫中贵重之物辅助。使臣带着重金来到也先营,请求放还皇驾,也先却没有答复。群臣气愤已极,请求诛杀王振家族。郕王迟疑未决,锦衣卫指挥马顺呵斥群臣百官。众人说:"马顺是王振一党。"争着向前痛打他,马顺在踩踏抢裂之下,顷刻死亡。接着又搜索到王振的亲信随从毛、王两人,众人也将这两人打死。由于众人竞相喧哗,使朝班错乱,无法再行朝仪。都御史陈镒奉郕王之命,率众人到王振家,将王振阖家老小,连同他的从子王山一同押到市中,全部斩杀,众人这才平定下来。王振家在京城内外有房产数处,重堂深阁,模拟帝王之居,器服绮丽,皇帝都不如他。还藏有直径一尺以上的玉盘十面,珊瑚树高达六七尺,金银六十余库,币帛珠宝无法计算。

20. 于谦抗战

皇太后任用于谦[1]为兵部尚书。也先将朱祁镇挟持到大同，索取金币，以换其南归。广宁伯刘安等人搜得公私金银共万余两，出来迎接圣驾。当他们把金银献上后，敌人又拥持英宗皇帝离去。都督郭登谋划夺驾，没有成功。英宗皇帝被带到塞外，住在也先之营。一次，也先要加害英宗，就在这时天空响雷震死也先所乘青骝马。接着也先又派人于雪夜行刺英宗皇帝，却见一条大蟒蛇绕护在英宗帐外，来人吓得逃走，于是也先只好更加礼遇英宗皇帝。派袁彬、哈铭及卫沙狐狸三人侍侯英宗皇帝左右，供给薪水，三人劳苦备至。

皇太后传下旨意："皇太子幼小，不能履行职责。郕王年长，应该早日继承大位，以安国家。"于是文武百官交表进章劝郕王做皇帝，郕王便选择吉日行了大礼。正统十四年（1449）九月，郕王朱祁钰即皇帝位，称为景皇帝。遥尊英宗为太上皇。下诏大赦天下，以次年为景泰元年。尊皇太后孙氏为上圣皇太后，尊生母吴氏为皇太后，立妃汪氏为皇后。也先又派使者致书，辞语冲撞怠慢。兵部尚书于谦叩见景皇帝，流泪说道："贼寇不道，不久会长驱直入。应紧急派遣百官招募士兵，日夜训练，以补前仗死亡之人数。通州坝上的仓粮，应赶快让百官开支为月

---

[1]于谦（1398—1457），字廷益，钱塘人。永乐进士，明朝大臣。英宗复辟时被杀。

粮,以免敌寇占据此地久留。"景帝赞许并接纳此议。

当初,杨洪、石亨[1]守卫宣府,坐视不救皇驾,被逮捕入狱。这时于谦请求赦免释放二人。命杨洪仍守宣府,石亨总领京师兵马,立功赎罪。太监喜宁,从前为鞑靼人,土木堡之变时,投降也先,将中国虚实情况全部报告给也先,并为敌军充当向导。敌军带着太上皇来入侵,仅七天就打到大同城下。郭登说:"依赖天地祖宗之灵,国家已有君王。"也先知道明朝已有准备,没有进攻便离去了。第九日又到达广昌,破紫荆关,朝野上下议论纷纷。侍讲徐珵,这时才有了名气。太监金英召来徐珵询问计策,徐珵说:"通过星象验证,天命已去。请皇帝巡幸南京。"金英呵叱徐珵,让人扶出。第二日,于谦向景帝上奏说:"京师是天下之根本。宗庙、社稷、陵寝、百官、平民百姓、国库、储藏都在这里,若一挪动,则大势尽去,宋朝南渡之事可以引以为鉴。徐珵胡言乱语,当斩。"金英当众宣布说:"要死,则君臣同死。有言说迁都的人应斩杀!"于是出榜告谕,固守京城之议已决。

于谦闻听敌寇逼迫城关,心想各处粮食数以万计,恐成为敌军之资,于是做清野之计,紧急派人将这粮食烧毁,然后奏报皇帝。也先长驱直入到京城西北关外,于谦身着甲胄,身先士

---

[1]石亨(?—1460),渭南人,明朝大将,1460年,以图谋不轨之名下狱而死。

卒,出德胜门扎营。于谦流着泪告谕三军,人人感而奋发,勇气倍增。接着,宣府杨洪带领援兵到达,军声大振。这时,各路大军二十二万人列于城下,敌寇见明朝大军气盛整严,不敢轻易来犯。石亨从安定门杀出,与他的从子石彪一起手持巨斧,杀入敌军中坚,所向披靡。敌军向西退却,石亨追杀到城西。敌军又向南退,神机营都督范广用飞枪火箭攻击敌军,杀死敌军许多人。于谦派密探到敌营,得知太上皇已移驾很远,便命令石亨等人深夜用大炮攻击敌营,死者上万人。也先带着太上皇向北逃去。脱脱不花听到战败消息,便不敢入关,也逃走了。京师这才解除了危急。杨洪等人班师回京,景皇帝封杨洪为昌平侯、石亨为武清侯。加封于谦为少保,总督军务。

21. 太上皇脱困

也先挟太上皇北逃,到达小黄河苏武庙,伯颜帖木儿之妻阿挞剌阿哈剌命令侍女设帐迎驾,宰杀牛羊,递杯进膳。很快便到了太上皇生日,也先给太上皇祝寿,进送蟒衣貂裘,大开筵席。哈铭、袁彬经常睡在太上皇身旁,此时天气甚为寒冷,每天夜里太上皇都让袁彬用两胁给他暖脚。太上皇派哈铭向伯颜之妻表示谢意,并让她劝伯颜送自己还朝。哈铭时时劝慰太上皇不要太着急,以免忧虑成疾。喜宁却让也先继续侵略边界,并且不想送太上皇还朝,太上皇十分厌恶喜宁。喜宁又忌恨袁彬,将袁彬诱骗出营,想要杀害袁彬,正在这时,太上皇赶来救援,袁彬方幸免一死。袁彬与太上皇策划诛杀喜宁,于是派喜宁入京传命,并让

明代官服

军士高磐与他一同去，太上皇书写密令系在高磐大腿之间，命他到宣府与总兵等官合计捉拿喜宁。喜宁到达宣府，参将杨俊出来迎接，与喜宁在城下饮酒，高磐突然抱住喜宁大喊，并从两腿间解下太上皇之书，杨俊于是捉拿喜宁送到京师诛杀。

也先听说喜宁被杀，便与赛刊王等人分道来犯边界。大同参将许贡请求派使臣与瓦剌修好，兵部尚书于谦说："敌人是否晓理知报，必不可知。"景皇帝认为于谦所言极是。于是守边之将人人声言战守。也先想挟太上皇为人质却不成功，方才谋划送回太上皇。也先派参政完者脱欢等人携带书信请和。景皇帝下诏任命礼科给事中李实为礼部右侍郎，充当正使；罗绮为大理寺少卿，充当副使，携带玺书来答复。书中只言息兵讲和之事，却不提及迎接太上皇之意。太上皇身居伯颜帖木儿的大营，住毡包穿毳服，饮食也都是膻酪，有一乘牛车作为移营的工具，左右只有袁彬、哈铭。李实等人见到太上皇后，失声痛哭，太上皇也落下泪来。太上皇说："朕不是为了游玩打猎而出塞的，之所以陷在此地，是因为王振。"太上皇又问候太后、皇上、皇后，俱都无恙。接着又询问两三个大臣的情况。太上皇说："也先想送我南归，卿等回去报告朝廷，善意图取。"日落时，李实等人回到也先之营，也先酌酒相待。

李实等人表明迎回太上皇之意，也先说："中国派你们是来通好，而不是迎接太上皇，若要归还太上皇，赶快派遣大臣来。"李实等人于是告辞回归。李实等人还未到京，这时瓦剌又遣使来议和，朝廷又派右都御史杨善、中书舍人赵荣来答复，半路碰到李实。李实告之原故，杨善说："既然如此，即使没有救兵，也可以成功了。"

杨善等人到达也先营，也先非常高兴。杨善因此竭力请求太上皇还京，反复劝说数千言，也先心悦诚服。瓦剌平章昂克问："要迎回太上皇，用什么来交换？"杨善说："如果带财物而来，后人都认为你们贪图财物。今天没带财物而来，却迎回太上皇，载入历史，后人都会称颂。"也先认为他说得很对。第二天，也先设宴为太上皇饯行，亲自率妻妾为太上皇祝福。又过一日，大宴使臣。接下一日，伯颜帖木儿设宴为太上皇饯行，并于次日宴请使臣。次日，太上皇起驾南行，也先率领众头目拜地辞别。伯颜送太上皇到野狐岭，痛哭良久，方才别去，仍命令其部将率领五百骑兵护送太上皇到京。八月，太上皇进入关塞。礼部商议迎接太上皇的仪礼，没有确定。太上皇派使先到京，下诏避皇位，以免群臣以皇上之礼相迎。群臣百官在安定门迎接太上皇。太上皇从东安门进入皇城，景皇帝出来迎拜。两个各自陈述让位之意，谦让很久，最后送太上皇入南宫，群臣行礼后退下。景皇帝下诏大赦天下。

22. 南宫复辟

景泰二年（1451）正月，百官请求朝见太上皇，未获准许。景皇帝命靖远伯王骥守备南宫。北方敌军来请和，要求用所抓的男女汉人换米，每个人换一石米。广州大盗黄萧养，瞎一只眼，却很有智慧。他被关在监狱中，所睡竹床忽然长出竹子，众人以为这是好兆头，便都来依附他。因故，黄萧养越狱造反，屡败官军，占据广州称王。经过数月，都督董兴等人讨平黄萧养。

景帝废英宗太子朱见深为沂王，立自己的儿子朱见济为皇太子。群臣请求朝见太上皇，景帝不许。景帝又废掉皇后汪氏，另立妃子杭氏为皇后。杭皇后为太子的亲生母亲。没过多久，皇太子见济死亡。南京大理寺少卿廖庄上疏，请求景帝经常拜见太上皇，以表示亲亲之恩。御史钟同、礼部仪制司郎中章纯都请求皇帝朝见太上皇，恢复太子地位，结果都被投入狱。御史高平说南宫南城多树，其事不可猜度，于是便将这些树全部砍伐，这时正值盛夏，太上皇时常倚树憩息，待树被伐，又弄清原因，便大为惊惧。少保于谦称病告假在家，景帝派太监兴安与舒良去看他，见于谦自己生活非常勤俭，相互叹息，因此报告皇帝。景皇帝为他考虑所用资物，一切都由皇帝所给。

天顺元年（1457）正月，景帝患病，由于皇储位还没定，所以中外都感忧惧。兵部尚书于谦与廷臣上书请求立太子。石亨明白景帝之病必不可治，思念请求重新立东宫太子，不如请太上皇重登皇位，可邀功请赏。于是，石亨便与都督张𫐄、太监曹吉祥商议南城复辟阴谋，并找太常卿许彬商议。许彬请与徐元玉策划。徐元玉是徐有贞之子，徐有贞也就是徐珵的原名。石亨、张𫐄于十四日夜在徐有贞家聚会，徐有贞说："你们所谋划之事，太上皇知道吗？"石亨、张𫐄答说："一天前已经秘密告知太上皇。"徐有贞又说："等有了南宫的答复才可进行。"石亨、张𫐄告辞。到十六日日落时，又去见徐有贞说："已得到南宫答复，计划将怎样实行？"徐有贞便登上屋顶，观看天象，又急忙下来说："事情就在今晚，不能失掉机会。"这时有守边官吏告警，说北方之敌要侵犯京师。徐有贞、石亨、张𫐐、张𫐄与王骥、杨善、陈汝言等人，借准备应变非常之事之名，暗中串通中官曹吉祥、蒋冕等人，给孙太后通信，没收各城门钥匙。深夜四更时，打开长安门，放入军兵千人，值夜卫士都很惊讶，不知要干什么。石亨等人率领众兵迫近南宫，摧毁宫门和宫墙而入，一同将太上皇架上轿出了南宫。一行人进入大内，守门人将众人呵止，太上皇说："我是太上皇。"守门人便不敢拦驾。于是太上皇登上奉天殿，坐上宝座，敲响钟鼓，打开各大门。这天文武百官入朝，等候景帝视朝，商议立太子之事。

徐有贞大声对众臣说："太上皇复位了。"驱赶百官来贺。百官大为惊骇，只得排好队来祝贺。景帝听到钟声鼓声大作，也吃了一惊。听说是为太上皇所鸣，只得连声说："好，好！"第二天，太上皇临朝，下诏将景泰八年改为天顺元年，并把少保于谦、王文投入大狱。皇帝朱祁镇认为于谦卫国有功，不忍心杀他。但石亨、徐有贞与于谦之间有仇怨，非要杀于谦不可，于是便将于谦与王文、范广及太监舒良、王诚、张玉、王勤一起在市中斩杀，并把于谦之妻发配边疆。英宗皇帝按迎他复位之人功劳大小，封石亨、张𫐄、张𨙻、杨善等人分别为公、侯、伯。论随驾之功，提拔哈铭、袁彬为锦衣卫指挥佥事。恢复廖庄、钟同等人官位，每人都有一子因此而入太学。英宗将景帝仍废为郕王，皇后废为王妃，迁居西内，不久景帝便去世。景帝在位七年，以亲王之礼埋葬。景帝知人善任，在外依仗于谦，在内宠信兴安，不动声色，使江山社稷转危为安，可谓英明之主。只是在天性之间未能尽善尽美，因而使奸臣趁机作怪，可惜啊！

英宗皇帝重新立太子朱见深为皇太子。曹吉祥、石亨对徐有贞不满，设法将徐有贞贬到云南。徐有贞走后，曹、石二人更为横行。后来曹、石二人败落，才被放还老家。英宗深知石亨等人骄傲恣行，避着人对太学士李贤说了此事。李贤回答说："权力不可以下移，只有独断专行才对。"英宗谈到他们的夺门之功，李贤说："景帝患病，群臣应当上表请陛下复位，何用夺门？这些人是借陛下感激而图富贵而已。假如当日事情败露，这些人倒不足为惜，不知道陛下将处于何等地位了。"英宗听后大悟，逐渐疏远了二人。于是，忠国公石亨便与定远侯石彪一同谋反。事情被英宗发觉，石亨等被下狱，接着处死，其同党也都伏诛。接着，太监曹吉祥与其从子昭武伯曹钦也阴谋反叛，事情泄露，英宗派人于大内抓住曹吉祥，曹钦与王师大战于东华门，大败，曹钦投井自杀。英宗下令：曹吉祥在市中实行分裂尸体之磔刑，同谋者全部处死，抄斩全家。

当时，河套地区有空地三千里没人守御，突然被北敌所占领，便成为中国的大患。英宗患病，紧接着病势加重。英宗复位后又当了八年皇帝，便去世了。英宗前后在位二十二年，寿三十八岁。当初宠信王振，后又宠信曹吉祥、石亨，政治上固不足为称。但到晚年，任用李贤，听言纳谏，仁俭爱民，美善很多。

23. 阿丑讽谏

太子朱见深即位，成为宪宗纯皇帝，改次年为成化元年。尊英宗钱皇后为慈懿皇太后，尊生母周贵妃为皇太后。钱太后无子，性情忠孝严谨，不妒忌。当初英宗被北敌拘禁时，钱皇后夜间哀哭拜天，哭累了便卧地而睡，因而损伤一条腿，又因哭泣太多，瞎了一只眼睛，她还倾宫中所有财宝，用作迎回皇驾的费用。英宗复位后，钱后对景帝仍然尽礼。见深立妃子吴氏为皇后，但很快又将她废掉，立王氏为皇后。后来纪妃生皇太子朱祐樘，因为废后吴氏保护得十分严谨，才免受万贵妃之难。再后来万贵妃之子祐极死，见深便立祐樘为太子。没想到纪妃突然暴病去世。

宪宗下诏恢复于谦官位，派人祭扫他的坟墓，并让其子于冕世袭为千户。于谦的女婿朱骥等人，也被归还家产。这时，荆襄有生民千斤造反，聚众达四五万人，宪宗命抚宁伯朱永讨伐千斤，将其平定。又有陕西周原土官满四占据石城造反，宪宗派右副都御史项忠讨伐平定。又有襄阳人李胡子作乱，宪宗命项忠将其讨平。

宪宗初作皇帝时，任用李贤、彭时、商辂等人，天下称颂其统治。但接着却宠信万贵妃。万贵妃认万安为兄弟，并将万安提拔入朝办事，任意罢免提升官吏。又设置西厂，命太监汪直提督外事，于是汪直便随意罗织罪名生事。汪直仗势将陈钺、威宁伯王越变为自己的羽翼，依附自己之人便任用，不听自己话的人则排挤打击，权势极为显赫，天下都惧之三分。汪直又想在外立功，所以胡乱进行边界挑衅。宪宗命汪直掌管十二团营。

当时有个名叫阿丑的中官，善演诙谐幽默戏，经常在宪宗面前表演院本戏，颇有汉代东方朔用滑稽方法进谏之风。一天阿丑假装醉人酗酒，旁边一人佯装说："某官到。"阿丑仍装醉大骂，人又说："皇驾到。"阿丑还是醉骂如故，那人又说："汪太监来了。"阿丑所装的醉人赶快惊恐地安定下来。旁边一人问："天子驾到都不怕，却害怕汪太监，这是为什么？"阿丑答说："我只知有汪太监，不知有天子。"自此以后汪直逐渐失宠。此时，王越、陈钺讨好汪直，三人结为死党。阿丑一日又作戏，演汪直持双斧向前而行，有人问其缘故，他回答说："我用兵只仗这两把钺（音yuè）。"人又问钺为何名，回答说："王越、陈钺。"宪宗听后微笑。于是御史徐镛等弹劾汪直欺君弄权，擅开边衅。宪宗接纳其言，便赶走汪直，并将其党羽一并铲除，朝廷内外都感到大快人心。

宪宗由于相信房中术所以宠信妖僧继晓，赐给他十多个美女，金宝不计其数。刑部员外林俊直言规劝，宪宗大怒，将他下狱。经历张黻出言相救，也被捉入狱。宪宗下令将林、张二人每人杖打数十下，并要杀死。当时有太监怀恩，常用忠直之言劝导皇帝，这时叩头争说："自古以来没有杀上谏之官的，臣不敢奉诏。"宪宗气极，顺手拿起御砚向怀恩扔去，林俊等人才被释出狱。宪宗又因为信符水之术，宠信江西人李孜省，将他提拔为礼部侍郎，掌管通政司事。主事张吉、舍人丁玑等上疏规劝，都被贬职。当时又有东宫内监覃吉，经常以正道辅助太子，他对太子说："我老了，还求什么富贵，只求天下有贤主就满足了。"宪宗皇帝英明仁爱宽恕，天下无大事，只可惜宠用奸邪，不能说没有缺陷。他在位二十三年，活了四十岁而死。

24. 孝宗勤政

皇太子朱祐樘继承皇位，成为孝宗敬皇帝。改第二年为弘治元年（1488）。尊太后为太皇太后，尊皇后为太后，立妃张氏为皇后，又追尊生母纪氏为太后，以抱养抚育之功奉废后吴氏太后之礼。李孜省及妖僧继晓相继伏诛。孝宗皇帝在宫中发现一个小箱，其中都是房中术，上面都写有"臣万安进献"的字样。孝宗便派内监怀恩把万安带到阁下，把这些东西给他看，并说："这岂是大臣所为？"万安惭愧流汗，吓得一句话也说不出来。怀恩摘下万安所挂牙牌，并说："滚出去。"万安这才仓惶退走。

有熊从京师西直门外进入城内，兵部尚书马文升等请求加强戒备。兵部郎中何孟春说："熊在字面上讲是能火，应该谨慎火灾。"不久禁中和礼部都着了大火，果然应了何孟春之言。

孝宗皇帝敬谨英明，仁慈恭俭，节欲爱民，礼贤纳谏。即位之初，任用徐溥、刘健入内阁，王恕入礼部。自那以后，众贤并进，有李东阳、谢迁、邱浚、马文升、刘大夏、戴珊、王鏊、杨廷、林俊、杨一清等诸位君子相继涌现，辅佐皇帝，内外安宁，几乎到了刑法被放弃的地步。孝宗去世之日，远近悲哀之声，震天动地。孝宗患病时，曾召来刘健、李东阳、谢迁等人授以顾命之责。刘健等在御榻前叩头，孝宗说："张皇后所生东宫太子，已经十五岁，虽然天性聪明，却好玩乐安逸，先生仍须经常请他读些书，帮助他做个好人。"刘健等叩头说："臣等哪敢不尽心竭力。"五月，皇帝去世，在位十八年，寿三十六岁。

25. 玩乐皇帝

皇太子朱厚照即位，他便是武宗毅皇帝，改次年为正德元年（1506）。尊太后为太皇太后，尊皇后为太后，立妃夏氏为皇后。厚照任命刘瑾掌管司礼监，兼领提督团营。

刘瑾，陕西兴平人，本姓谈。景泰中，在宫中入刘太监名下，因而从刘姓。厚照做东宫太子时，刘瑾以演俳优之戏，为厚照所喜爱。到厚照即皇帝位，刘瑾朝夕与其同党八人扮演狗马鹰犬，欢歌快舞愉悦武宗皇帝，使武宗皇帝与他们亲近，整日与之游戏而没有节制。大学士刘健、谢迁、李东阳等人上疏规劝，厚照却不听。户部尚书韩文聚合九卿诸大臣一同上疏进谏。太监王岳也是东宫旧臣，素来刚直不阿，与太监范亨、徐智等人想协助外廷大臣除去刘瑾等人。刘瑾知道后，上诉武宗，武宗于是将王岳逐到南京，派人在半路将他杀害。于是刘健、刘大夏、谢迁等人也各自上疏辞去官职。武宗皇帝又罢韩文之官，其他参与进谏大臣吴翀、刘玉、吕翀、戴铣、薄彦徽等都被下狱，贬为平民。兵部主事王守仁[1]直言上谏，被杖打五十，贬为贵州龙场驿丞。

---

[1] 王守仁（1472—1528），字伯安，余姚人，明朝著名理学家。曾在阳明洞讲学，学者称阳明先生，亦称王阳明。

刘瑾经常编造一些杂戏，用男女声色取悦武宗，等武宗高兴了，便递上许多外廷奏章，请武宗批阅。武宗便不高兴，说："我用你是为什么？还拿这些东西一再烦我。"从此刘瑾便独自决断大事。刘瑾假传圣旨，榜示朝堂，把刘健、谢迁、韩文、李梦阳、王守仁等五十五名大臣带到朝堂，追夺刘健、谢迁、马文升、刘大夏、韩文、许进等六百七十五人的诰敕，把他们降成平民充军。正德五年（1510）二月，居住在陕西的宗室、安化王朱寘鐇造反，武宗起用都御史杨一清，命令太监张永与他一同督兵讨伐寘鐇。八月，活捉寘鐇。于是，杨一清暗下对张永说，请皇帝处死刘瑾，并教给他如何恳求皇上的方法，说："公公班师回京，拜见皇帝时，间或地说到宁夏之事，皇帝必然会询问公公。公公这时便呈上寘鐇的伪檄书，并说他乱政矫旨，图谋不轨，呈上状子，皇帝英明必会领悟。但必须一见皇帝便行事，若稍迟缓，天机泄漏，则会招来大祸。"张永挽着杨一清之臂一口答应。

待回到京师，献上俘虏，武宗在东华门迎接张永，并赐宴招待。当天夜里，刘瑾先退去，张永从怀中掏出呈状，细说刘瑾激变宁夏图谋不轨之罪状，张永一党张雄、张锐也上前帮言，武宗听后大悟，应允张永所奏。当天夜里，便命令禁兵逮捕刘瑾。当时正交三更，刘瑾正在熟睡，禁兵破门而入，刘瑾披衣而起，奔出房门，被活捉，关入监狱。第二天，武宗皇帝下诏，将刘瑾贬放到凤阳闲住。皇帝最初并无杀刘瑾之意，但到抄家时，从刘家共得黄金二十四万锭零五万七千八百多两，元宝五百万锭又一百五十八万三千六百多两，宝石两斗，又搜获金甲、玉带蟒袍、衮衣盔甲、弓弩等物甚多。武宗见到这些大怒说："刘瑾果然要造反了！"便命将刘瑾凌迟处死，其亲属也都问斩。刘瑾同党张彩死在狱中。武宗又罢免太学士刘宇、曹元、焦芳等人官位，将他们一并削为平民，天下人心大快。

26. 豹房之宠

当初，霸州文安县大盗张茂，家中建有层层高楼，还有许多深窖，盗马贼刘六、刘七、齐彦名、杨虎等人都依附于他。张茂以金钱贿赂结交内监，曾进入豹房，窥探皇帝踢球，郡县对他无可奈何。到此时，御史宁果捉住张茂折断其大腿股。刘六、刘七等人势单力穷，从狱中劫取已被抓的齐彦名等人一同造反，一时平民百姓响应的人有数千之多，他们攻下了霸州文安县。文安县有生员赵风子，名镦，勇敢任侠。刘六等人攻取文安县时，赵镦为了避难，站在水中，正在这时数名强盗劫持他的妻子来到岸上，并要奸淫她，赵镦大怒，夺刀杀伤二名强盗，但因寡不敌众被敌人所擒。于是赵镦便与其弟赵镭、赵镐都投降了敌人，被招致成党羽。刘六等人势力更为增加，又扫荡了几个州县，并聚众向北行进，京师此时已经严加戒备。不久赵风子、刘六等人分别侵入河南、山东一些州县，攻克徐州，夺取淮西，屡屡打败官军。

武宗皇帝命太监谷大用总督军务，调来宣府、大同守边之兵一同讨伐赵、刘。大同游击江彬，宣府人，骁勇善战，却阴险狡诈，他随从征讨流贼，却以杀掠良民百姓邀功请赏。刘六等人乘船转战，来往于江上，到通州狼山时，遇到飓风，将舟船全部吹翻，船上刘六之兵全被淹死，幸存之人也都被官军擒杀。官军班师回京后，江彬贿赂太监钱林，由钱林引入豹房，见到皇帝。江彬人很机警，善于逢迎主人意图，武宗很喜欢他，留在身边使用，并把他提升为左都督，改姓朱，并认他为义儿。一次，江彬引诱皇帝出行，让皇帝与老虎戏玩，结果皇帝被老虎咬伤，卧病在床几月不起。江彬又说宣府非常好玩，把皇帝诱出居庸关，到达宣府。江彬在宣府为皇帝营造一所镇国府，运来豹房中的珍玩美女在府中侍奉。在宣府，武宗经常深夜微服出行，见到高门大户，便进入其中，公开奸淫府中妇女。江彬更是搜民间美妇人进献给皇帝，使皇帝乐而忘返，把宣府称为"家里"。武宗回京后没有多久，又提议要北巡，自己假称为威武大将军太师镇国公朱寿来巡边，并让内阁大臣杨廷和、梁储等人替他拟草敕，梁储等人对他说君王不能称臣名，所以不肯起草。武宗于是便自己称臣名，又巡幸宣府，到大同，最后至榆林才返回。武宗认为南方多美女，便又下令南巡。

27. 假征实训

当初，宁王朱宸濠通过贿赂，得到了护卫屯田，时时想反，朝廷群臣十分担忧。于是武宗便起用王守仁为佥都御史，巡抚南赣、汀州、漳州等地。王守仁提请督领军务，武宗准许了他。到这时，皇帝南巡的命令下来，人们议论纷纷。正在此时御史萧淮又弹劾宁王有不法之事，说宁王朱宸濠与和他关系甚厚的乡宦李士实、举人刘养等人正准备起兵造反。宁王之妃娄氏曾流泪规劝,并坚决制止宁王谋反,宁王却不听劝。于是宁王设计杀死南昌守臣孙燧、许逵等人,夺取南昌,又派手下闵念四、吴十三等人夺取其他州县,并顺江而下攻克了南康和九江。宁王朱宸濠亲自率兵攻打安庆,安庆知府张文锦等人率众死守。提督南赣军务的佥都御史王守仁与吉安知府伍文定等人起兵讨伐宁王,直接袭击南昌。朱宸濠救了安庆之围,又派救兵到鄱阳湖,王守仁领兵与宁王激战,杀得宁军大败,活捉了宁王朱宸濠,并把他关入槛车押往京师。娄妃投水而死。朱宸濠说:"昔日纣王听妇人之言失败,今日我没听妇人之言也失败,后悔也来不及了!"

这时,王守仁得胜的消息还未传到京师,武宗还想要南游,便下诏借亲征宁王之名南下。皇师出兵进驻良乡时,王守仁捷音才到,武宗让把报功奏章退回,等他到了南京再另奏。梁储、蒋冕竭力请求皇驾回銮,武宗却不听。王守仁从南昌出发,准备把俘虏献给皇帝。内监张忠、朱泰等人却说,应该把宁王放入鄱阳湖,等皇上亲自与他交战,然后再论功行赏。王守仁不听,乘夜过玉山。这时张永已在杭州等候,张永对王守仁说:"我这次出行,是因为一群小人在皇帝左右,我为皇上家奴,只有默默辅佐圣躬,并不是为了掩盖你的功劳。只是皇帝一意孤行,如果顺着皇上之意行事,犹可挽回,万一不然,白白激怒一群小人,有什么益处。"王守仁也认为没有其他出路,便把朱宸濠交给了张永。张忠、朱泰屡次假传圣旨召王守仁来,王守仁不来,于是张、朱二人便在皇帝面前说王守仁坏话:"王守仁肯定要反,不信皇帝试着召他，他必然不来。"张永听说后，暗地派人急报王守仁。等到皇帝召王守仁，他立刻来了，张永又在旁边协调保护，武宗最后说："王守仁是个道学家。"便仍然命他回江西。

武宗住在南京，时间一久，便有游览苏杭，泛游江浙，入绍兴，逆水而上进入湖湘，登临武当山之意。杨廷和、毛纪请皇帝回銮，梁储、蒋冕等人也流泪劝皇帝返京，长跪在地不起，武宗不得已，只好听从。张永让王守仁重新报上克宁王的捷音，朱宸濠及其党羽全都伏诛。后来到了嘉靖元年（1522），才追录平定朱宸濠之功，封王守仁为新建伯。

正德十六年（1521）正月，武宗回到京师。当初，江彬进淫药给皇帝，武宗服药后，每日幸妇女十多人。到了这年三月，武宗患病，不久便加重，于是死于豹房。武宗皇帝在位十六年，寿仅三十一岁。太监陈敬、苏进把皇上死亡的消息告知慈寿皇太后，于是便将棺椁移到了大内。太后传下懿旨，将江彬于市上分尸处死。抄江彬之家，共得黄金七十箱，每箱一千五百两，白银二千二百箱，其他珠玉、首饰、宝玩不计其数。当天，太后召杨廷和等人商议传遗旨，立兴献王朱厚熜为嗣子。

28. 世宗遇险

四月，孝宗皇帝从弟兴献王朱祐杬之子厚熜来到京师，即皇帝位，成为明世宗肃皇帝。下诏以第二年为嘉靖元年（1522）。厚熜命令礼部商议崇祀兴献王的典礼。杨廷和请求皇帝以孝宗为皇父，而以兴献王及王妃为皇叔父、皇叔母，另立益王之子朱崇礼为兴献王之后。厚熜却说:"父母哪是可以如此换来换去的?"再议时,厚熜一定要让兴献王做皇父,而以孝宗为皇伯父。观政进士张璁、南京主事桂萼都迎逢皇帝之意,迅速被升为学士。大学士杨廷和、蒋冕等人力争不得,于是便辞官离去。毛纪、石瑶、丰熙、马理等人竭力劝阻皇帝,厚熜仍不听。于是,何孟春、王元正、杨慎等二百二十多人都跪伏在左顺门,嘴里高喊:"高皇帝"、"孝宗皇帝!"声音响彻大内,厚熜派司礼太监让他们退下,这些人不从。杨慎、王元正于是摇着奉天门大哭,群臣也跟着大哭,声震宫廷内外。厚熜大怒,命捉拿为首之人戍边充军,四品以上官员剥夺俸禄,五品以下官员则杖打贬职。

于是,议定了大礼,以孝宗皇帝为皇伯父,慈圣太后为皇伯母,追封兴献王为恭穆献皇帝,称作皇父,封生身母亲蒋氏为章圣太后,尊祖母宪宗贵妃邵氏为寿安皇太后。立妃子陈氏为皇后,七年后陈皇后崩,又立张妃为皇后,接着又废掉张皇后,立德妃方氏为皇后。一次厚熜临幸曹妃宫,刚刚入睡,宫女杨金英等人便来谋刺皇上,把丝带系在皇帝脖颈上。另一个宫女张金莲发现后飞跑报告了太后,太后及时赶到,厚熜才幸免于难。太后因此杀死了曹妃,为此厚熜经常怨恨太后。

29. 昏君用奸

广西田州土官岑猛造反作乱,两广总督姚镆奉命征讨岑猛,一举将其讨平。没过多久,岑猛一党卢苏、王受又发动叛乱,世宗任命王守仁为两广总督将卢苏、王受之乱平息。世宗初作皇帝时，任用张敬孚、桂萼等专门阿谀逢迎、仗势弄权的奸臣。张敬孚即张璁改名后的名字。等到任用夏言[1]为大学士时，他忠诚为国，风气才正。但没过多久却又罢免了夏言，任用严嵩[2]为大学士，严嵩窃取皇帝威权，独断专行，内外官员如有奏章建议，必须先经过严嵩，严嵩准许后才能上奏皇帝听知。于是，许多官员都依附严嵩，就像车轮上的辐条集中到中心一样。

御史叶经弹劾严嵩，严嵩大怒把叶经杀死。严嵩之子严世蕃，仗父权势，专权纳贿，世宗略有所闻，便又重新起用夏言，并将其位置于严嵩之上，严嵩为此十分忌恨夏言。正在此时，都御使曾铣夜袭北方敌巢，获得大胜，因而他又提议收复河套地区，夏言也表示支持。恰在这时，北敌入侵弄得人心惶惶，仇鸾便借故攻击曾铣有开衅之罪，严嵩认为曾铣有开启边衅之过，夏言由于附会曾铣也应问罪。法司开会商议，把曾铣以失陷城池罪、夏言以与曾铣勾结之罪一同判处斩刑，他们的妻子被流放到三千里之外，为此天下人怨声载道。仇鸾以重金贿赂严世蕃，

---

[1]夏言（1482—1548），字公谨，号桂洲，贵溪人。明朝著名大臣，为严嵩所陷被杀。

[2]严嵩（1480—1569），字惟中，号介谿，分宜人。明朝奸臣，当权时专擅国事，排斥异己，侵吞军饷，致使国家几不能支。

结果被提升为大总兵。北方蒙古鞑靼部的将领俺答[1]率兵侵入宣府，由蓟州进入古北口，转而又攻克怀柔、顺义，这样便直接威迫通州。接着，俺答之兵又从北河东渡，直接逼近京师，大量掠夺金银丝帛妇女儿童之后返回北地。仇鸾却假称是他将敌军打败，驱逐出境，并给兵部尚书丁汝夔捏造罪名并将其杀害。两年后，俺答重又进犯大同和蓟州，徐阶[2]奏禀皇上仇鸾通敌误国，世宗于是将仇鸾全家当市问斩，并抄了他的家。

南方又有倭寇侵犯浙江之事，倭也就是日本国，它所统辖的地域只有五畿、七道、三岛，有郡五百七十三个，这些郡都依水附岛而建，名虽为郡，实际上只不过相当中国一个村镇而已。鄞人宋素卿早年奔赴日本，教倭寇侵掠中国。此时，又有徽州人汪直以做海盗为生，横行海上，倭寇喜爱并且佩服他。这些倭寇个个都十分憨勇，不畏生死，每遇激战时便赤身裸体挥舞三尺大刀勇猛向前，并且善于以少胜多，所以沿海地区没人能够抵抗。倭寇的魁首都是浙闽人，经常以奸淫掳掠，玩弄妇女来饮酒取乐，中国百姓大受其害。

工部侍郎赵文华为此祈祷海神相助杀灭贼寇，世宗皇帝于是

[1]俺答（1507—1581），蒙古鞑靼部右翼土默特万户首领，称阿勒坦汗。隆庆时封为顺义王。

[2]徐阶（1503—1583），字子升，号少湖，华亭人。嘉靖进士，明朝名臣。

便派他到浙江。赵文华来到浙江后,凌驾欺压官吏,搜刮财物,官吏百姓都深受其苦。没过多久,总督张经在嘉兴大败倭寇,几乎将其全歼。赵文华恨张经不依附于他,反而先上奏章弹劾张经轻视敌寇殃害人民并将他杀害。于是倭寇便攻入浙江、江南、闽广、山东,几乎片刻不停。后来依靠总兵戚继光[1]、俞大猷[2]等人奋力抗战,才把敌人全歼在福建平海卫。至此,倭寇才全被平息。

30. 严嵩专权

这时,大学士严嵩与他的儿子太常卿、后为工部侍郎的严世蕃、家仆严年、门客罗龙文、牛信、门下赵文华、鄢懋卿、万寀等人,相互勾结,招权纳贿,中伤好人,颠倒是非,非常猖狂。大臣厉汝进、徐学诗、王宗茂、杨继盛、沈炼、吴时来、张翀、董传策等人先后多次上疏皇帝,报告严嵩等人奸状,结果有的被贬官降职,有的被杀死,还有的被流放充军,于是文武百官都惧怕严嵩,不敢直言。内阁大臣吕本也依附严嵩,因而独行专权二十多年。

---

[1]戚继光(1528—1587),字元敬,号南塘、孟诸,定远人。明朝抗倭名将。

[2]俞大猷(1507—1579),字志辅,号虚江,晋江人。明朝抗倭将领。

后来，世宗皇帝也开始怀疑严嵩，逐渐接近徐阶。御史邹应龙便借此机会弹劾严世蕃犯有相互贿赂等各种不法之罪，并说其父严嵩培植党羽，遮蔽贤能，溺爱恶子也应处罚。世宗看过奏章后，心中已有所动，便命严嵩辞官，并将严世蕃捉拿入狱，把鄢懋卿等党羽交法司处理，只有赵文华在这之前已经因违抗严嵩而去职，所以不在其内。严世蕃因所犯之罪被充军雷州，严氏爪牙罗龙文、严年等都被远戍边陲。

但是，严世蕃等人却都根本不去所戍之地，竟然返回家中，纠合工匠大造宫室。推官郭谏臣因公事而路过严嵩家乡时，看到严家正在大造宫室，便将此事揭发给御史林润，林润上疏皇帝说："臣巡视上江一带，详细察访江洋盗贼下落，发现他们多入逃脱充军的罗龙文之家，罗龙文卜居深山，乘坐高官之车，身穿蟒袍玉带，暗地里存有造反之心，只以严世蕃为主子。近日借建筑房第为名，聚众达四千人，弄得人心惶惶，传说可能要起兵反叛。"世宗看过奏章后，便命林润去逮捕二贼。林润将严世蕃、罗龙文捉拿到京，下法司以定罪状。徐阶稍稍进行审问，不等二贼服气，便上疏皇帝，说："事情已查明，他们暗通倭寇，密谋叛逆，都有明显证据，求陛下以正典刑。"世宗应允，命令将严世蕃、罗龙文于市中斩首。抄二贼之家，金银珍宝满库，几乎可以与天府相比。万寀、鄢懋卿等人再次充军。严嵩寄食他人之家，最后死去。

31. 海瑞罢官

世宗皇帝即位以来，喜好道术，恰好宫中出现黑眚，方士陶仲文治病有方，世宗便十分尊宠他，累加其官最后至礼部尚书，封他为恭诚伯。陶仲文死后，世宗又相继宠用方士王金、陶仿、刘文彬、申世文、高守中、陶世恩等人。晚年，世宗斋戒居住西苑，专意修炼。然而，却也并不废弃政事，批阅奏章从未停辍，所以不至于使政事松弛荒废。世宗晚年还十分好言祥瑞之词，不爱听死亡等语。户部主事海瑞[1]罗列世宗种种过失，直言上谏。世宗看后大怒，命令把海瑞捉拿入狱。没有多久，世宗由于服用方士所炼之药，渐渐发起内火，十二月病势更重，从西苑返回乾清宫，接着便驾崩了。

世宗皇帝英明苛察，严以驭吏，宽以治民，可以称为一代人君，但他任用奸臣严嵩，枉杀忠良，好道教，宠信方士，却不能说没有缺陷，他在位四十五年，寿六十岁。

32. 穆宗安边修和

大学士徐阶等人公布遗诏，请皇帝第三子朱载垕继承皇位，即为穆宗庄皇帝，改元隆庆，立妃子陈氏为皇后。追录先朝忠良直谏诸臣杨继盛、沈炼等，官复原职，并赠给祭文。同时恢复了

---

[1]海瑞（1514—1587），字汝贤，一字应麟，号刚峰，琼山人。明代著名清官，以犯颜直谏，刚直不阿闻名。

海瑞的官位。还追赠王守仁为新建侯,谥号文成。载垕做了皇帝后,便诛杀了方士们。载垕又任命张居正[1]为大学士。由于徐阶辞官,便任用高拱为内阁大学士。

北敌俺答之孙把汉那吉,为俺答之妻所养育并且深爱宠爱,因为一些小矛盾,把汉那吉便率领其家仆阿力哥来投降,总督王崇古收留了他。但守边官吏为此大哗,认为不能收留,王崇古不听,将此事报告了朝廷。朝廷群臣议论纷纷,认为这样做不妥。御史叶梦熊反对尤为强烈。穆宗却说:"敌人因仰慕我的仁义来降,应该公开加以奖励。"并任用把汉那吉为指挥史,封阿力哥为五千户,每人还赐给一袭新衣。俺答之妻害怕中国人杀死她的孙子,日夜抱怨俺答。俺答自己也已悔恨,于是便拥众十万,大兵压境。王崇古派人对俺答宣布皇恩,并且让他把反叛之人赵全捆缚而来以示信义。俺答夫妇十分感动,惭愧地说:"汉人肯保全我孙,我们咬臂立盟,从今后世世代代称臣服属,不会再有叛人!"于是两国定下盟约,彼此通商。俺答抓来赵全献给中国,王崇古也将把汉那吉送回北方,穆宗还封俺答为顺义王,并因王崇古之功提升他为兵部尚书,世袭锦衣千户。

隆庆六年(1572)五月,穆宗感到不舒服,进而大病,便召内阁大臣高拱、张居正、高仪到乾清宫接受顾命。第二天穆宗便

---

[1]张居正(1525—1582),字叔大,号太岳,汉陵人。嘉靖进士,明代著名大臣。

去世了，他在位共六年，寿三十六岁。穆宗皇帝宽仁大度，勤俭爱民，留心边陲之事，处理都恰到好处，可以称为明主。

33. 张居正与冯保

庄皇帝去世时，皇太子朱翊钧年仅十岁，便继承皇帝之位，成为神宗显皇帝，以次年为万历元年。当时太监冯保仍在宫中用事，很有权利。于是，张居正便与冯保结交，以巩固自己的地位。内阁大臣高拱设计想赶走冯保，结果反被冯保所逐，没过多久，高仪亦因病去世，张居正便成为首位辅政大臣。有一天，小皇帝翊钧上早朝，走出乾清宫时，看见一个无须男子，装成太监的样子，袖中藏有佩刀，正仓惶而逃，便命左右将其抓获。冯保立即审问该人，这人回答说："我是南兵，叫王大臣，是从总兵戚继光处来的。"张居正因此秘密对冯保说："可以借此机会除掉高氏。"因而教他说，高丞相对皇帝怨恨，派他来行刺，愿意自首免罪。群臣对此事都愤愤不平。到了会审之日，阴霾大作，狂风夹着冰雹铺天盖地而来，砸得王大臣不堪忍受，十分害怕。冯保问他："谁是你的主使之人？"王大臣回答说："是你教我说是高相公主使。"冯保害怕露出真相，于是停审。接着王大臣被人下毒，哑不能言，便被处以斩刑。

自此，张居正威望日重。张居正虽然在内结交冯保来巩固自己地位，但由于他生性沉稳，足智多谋，亦不十分贪图钱财，因而还是能以正道引导皇帝。他请皇帝每天都要到经筵学习，又进《帝鉴图说》和各种讲章、宝训、日录等读物，以帮助皇帝养成做君王的美德。张居正本人做官，能够赏罚分明，知人善任，救济饥荒，免除积欠的租借，一举一动，深合机宜。他还消灭岭东贼寇蓝一清，又派张佳元视师两浙，在不动声色之中又平息了两浙的民乱。在治河方面，张居正任用潘季驯；治兵上则用李成梁、戚继光等人，在他的辅助下，天下大治。但是，刘台等人却上疏弹劾张居正专权独行，张居正只好借故父丧而辞职，翊钧亲自下诏宽慰挽留他，张居正只得留下。可是，吴中行、赵用贤、艾穆、沈思孝、邹元林等人却又交奏章攻击张居正贪图官位而忘了亲情，惹得张居正大怒，翊钧皇帝对上述诸人都给予杖打贬职。由于张居正在家服丧，凡是内阁中事，都让官吏携奏折来论处，翊钧皇帝的手诏中往往恭敬地称他为元辅、太师或先生，经常宽慰他。

万历六年（1578）五月，神宗皇帝才正式加冠，主持大事。三月，立妃王氏为皇后。万历十年（1582）六月，大学士张居正病逝。神宗沉痛哀悼张居正，以至于不能上朝。神宗派遣司礼太监张诚监护张居正丧事，朝廷对张居正恩赐甚厚，两宫太后及中宫各妃也都赐给金币，光赐给的祭坛就有十六个，赠他上柱国，给他谥号文忠。没过多久，神宗将司礼太监冯保废掉，令他在南京闲住。冯保经常裁决压抑他人，不让他们参与朝政，所以内侍大多怨恨他，他又经常以正辅佐皇帝为名，训导皇帝，因而神宗也恨他，所以才被贬职。

这时潞王大婚之礼所需珠宝还未备办好，太后因故对皇上言及此事，神宗说："办此事不难，这些年来，朝廷大臣无耻，为巴结张居正、冯保,把珠宝都献给了二人。"于是,便命御史羊可立追论张居正罪恶,一时间攻击张居正之人锐气不可减。因此神宗下诏,夺去张居正的封诰、赠谥,抄没其家,株连了很多人,但张居正的家财却不很丰富。张居正之事闹得整个荆州骚动,张居正长子张敬修耐不住苦刑,上吊自杀。张居正之弟张居易,次子张嗣修及仆人张顺、张书等人都被发配烟瘴地区充军。刑部尚书潘季驯上言说:"张居正家产已奉旨抄没,国法已正,民愤已平。但他八十多岁的老母亲衣食不全,其子孙相继死亡或远离,这样做失去对有罪之人不落井下石的天意。"神宗听后产生同情之心,便下诏有司保全居正之母。自此后,大臣都不敢实心任事了。神宗后来又任用申时行、王锡爵入内阁主事,天下得治。

34. 矿使害民

到了张位掌管大权时,奸人史锦、王君锡等请求开矿。万历二十四年(1596)冬,张位认为天地自然之利有益国家发展,采矿对百姓也无害。于是便派太监张忠到山西,曹金到两浙,赵钦到陕西,鲁坤去河南监督开矿。一时间朝廷派出许多内官,到处开矿。这些内官到了所派之地后,便把有钱的人编为矿头,如果矿中实在无银,便勒索民间百姓纳银交税,不服从的就令其家破人亡。随后张位又命令内监到广州采珍珠,并且在广州、福建设立大船市,还命人到云南开采大理石。

这些内监在各地肆虐无度,弄得民不聊生。临清为此发生民变,将税使马堂几乎殴打致死。又有武昌税监陈奉常占居百姓黄金，拷打妇人，并勾结钟祥县知县邹尧弼等人欺压人民，弄得远近百姓大为震怒。结果，武昌也发生民变，赶走陈奉，陈奉藏在楚王府之中，气愤的老百姓把陈奉的左右随从六人捉住扔到江中。神宗下旨把该地知县知府贬降为民。太监孙隆到浙江采税，住在苏州，激起市民造反。饥饿百姓为倡行正义，杀死上面派来官员七人。有一名按法应处的乱民葛成，因与其他人不同，只有他认服，所以被判下狱论死。云南矿务太监杨荣恣意独行，作威作福，杖杀数千人之多，并且鞭打掠夺指挥樊高明等人，引起公愤。指挥贺世勋、韩光大带领众人杀死杨荣，焚烧了他的官署，杨荣的随从，行李都化为灰烬。这件事被神宗得知，气得吃不下饭，说："死个杨荣到不足为惜，但纲纪却何致于颓废到这种地步。"于是将贺世勋下狱处死，韩光大发配戍边。

御史况上进、王立贤、给事中杨应文、包见捷、田大益、刑部侍郎吕坤、礼部侍郎冯琦、郭正域、户部尚书赵世卿、辅臣朱赓等人先后上表章，极力言说矿使的危害，神宗却不听。凤阳巡抚李三才上疏说："矿税繁苛兴旺，万民却失业挨饿，千里地区，各种中使四布，加上无赖亡命之徒，也如虎狼附翼，沿途掘挖祖坟，直到挖出财宝才止；奸淫妇女，侮官虐民。皇帝之心能安吗？不安吗？试看朝廷发出这样的政令，天下出现这样的景象，天下哪能不乱啊！"结果这一奏折也没有答复。

35. 倭寇丰臣秀吉

朝鲜国，也就是高丽国，该国自古以来与中国辽东接壤，共有土地六千里，富饶并且美丽。这时，其国王李昖沉湎于酒色，而日本国宰相丰臣秀吉虽然由奴才出身，但篡位自立，以他的骁勇善战攻据了六十六个州。丰臣秀吉闻听朝鲜戒备松弛，于是便攻陷了朝鲜。李昖逃到辽东求救，神宗由于他平时纳贡严谨，便派总兵祖承训率兵渡过鸭绿江去援救他。祖承训攻平壤失利，神宗又派宋应昌为经略，李如松为大将前来增援，于是在平壤打败倭寇，但明朝精锐部队也损失惨重。正在这时日本国遣使来进朝贡，群臣商议应赶快休战，于是便撤兵返回。

朝廷任命李宗城为正使，杨方亨为副使到日本，封丰臣秀吉为王。李宗城在去日本的路上，处处索取贿赂。到达对马岛时，太守义智把许多美女轮番送到李宗城的行帐中，李宗城十分高兴。李宗城又听说义智之妻很美，一定要奸淫她。义智大怒，骗李宗城随从说："倭将反叛了。"吓得李宗城丢弃玺书逃回京城。神宗得知此事，十分气愤，将李宗城下狱。随后又改派杨方亨为正使，沈惟敬为副使出使日本。没过多久，倭寇重又攻陷朝鲜，神宗又命邢玠为经略，杨镐为经理，任命麻贵、刘綎为将军征讨倭寇。前后经过三年，直到丰臣秀吉病死，倭寇才陆续逃回日本。麻贵、刘綎等分道进兵，追击破敌，生擒敌将平秀政、平正成等。万历二十六年（1598），海上才彻底平定。

36. 政失民乱

万历二十七年（1599），四川播州宣慰司、北宋名将杨业之后杨应龙，设关据险，起事造反，劫掠州县。他还让当地的苗民当着父亲强奸女儿,当着丈夫淫乱妻子。蜀臣将其罪恶上报朝廷,神宗命将军刘綎等发兵讨伐。刘綎誓师后,将部队分几路并进。杨应龙之子杨朝栋统领数万苗兵来迎战。官军几路夹攻,大败杨朝栋。杨朝栋退守关险。刘綎派人从山间小道攀援直入娄山关,官军营火照彻夜空,杨应龙大惧,于是与两个爱妾闭门上吊而死。官军抓获杨应龙之妻献于朝廷。于是,明朝将该地改为遵义、平越二府。

当时,姚安知府李贽[1]寄居麻城,主张大道不分男女,作观音问,引诱士大夫的妻女入教,用邪术掩人耳目,假称到房中传道,实际上是白日行淫。神宗下诏将李贽捉拿入狱,李贽自杀而死。又有凤阳人刘天叙与其党羽,抬着一座小佛像,沿乡村募捐化缘,假称有法术,能指天令天打开,画地令地陷入,并能预知人生三世之事,引诱愚人妇女为信徒,选择美貌年轻的妇女,声言传道,实际却带去行淫,聚众上万人,准备谋划造反,据城称王。有司将刘天叙等人活捉,神宗下诏,为首之人分尸而死,从者处以斩刑。

当初,申时行作宰相时,性宽平,对他所批评之人必然立即提拔。到这时沈一贯为相,他以才自许,不为人下。文选司郎中

---

[1]李贽(1527—1602),初姓林,名载贽,后改名李贽,号卓吾、宏甫、温陵居士等,晋江人。明代著名思想家,反道学和儒学。

顾宪成[1]由于言事被谪贬归家,他便在东林讲学,东林也就是过去的杨时书院。孙丕扬、邹元标、赵南星等人都以刚直不阿、仕途不顺而自负,经常与政府对立,他们都依附了顾宪成。顾宪成讲学,声名日盛,天下许多人投归他,他还交结淮抚李三才,遥控朝政,当时号称东林党。

神宗皇帝晚年因为生脚病,高居深宫,只宠爱郑贵妃一人,对于国事完全置之不理,来了奏折,一概留中,却不作任何处理,只是对那些言论有所悖,不奉圣旨之人便都给罢官。于是各省台之势,积重难返,当时有齐、楚、浙三方鼎峙之名。诸大臣之间结为党派,相互攻击,奏章日益增多,神宗却一概不理,甚至连大臣告老乞求休息的表章也不发,许多大臣不等皇命下达,竟擅自归乡。结果造成诸司官员欠缺,但神宗也不补官。镇抚司缺了理刑官,时间很久,无人断案。致使有的监犯由于时间长久死于狱中,这些人的家属百余人,聚集在长安门大哭。朝廷大员不管是否贤正,都被言官所弹劾。群臣只为自己,不为国家。中举的南北官员互相诋毁,纷如聚讼。户部库存银子只剩八万两。国家衰败,天下将亡。

[1]顾宪成(1550—1612),字叔时,号泾阳,无锡人。万历进士,明朝东林党领袖。

努尔哈赤像

37. 努尔哈赤

这时,大清太祖高皇帝努尔哈赤在东方崛起。万历四十四年(1616)正月,努尔哈赤建元天命,当时称该国为后金。后金之兵进入抚顺,将明军杀得大败。明朝以杨镐为兵部右侍郎,经略辽东。神宗皇帝担心出兵时间长,财源缺乏,便命大学士方从哲、兵部尚书黄嘉善、兵科赵兴邦等人,发红旗,催促杨镐进兵攻打后金大军北路,命令杜松攻打西路,李如柏攻打南路,刘𬘭督领朝鲜兵攻打东路。此时,蚩尤旗出现天空,光芒闪闪,长可竟天,东方又出现彗星,星陨地震,识天象之人认为这是将要失败的征兆。

万历四十七年(1619)正月十九日明军出兵,正值天下大雪,部队不能前进,军心松懈。杜松想要争立首功,便率兵越过五岭关,先期抵达浑河,将要渡河时遇到埋伏,杜松浴血奋战,终不能敌,力竭而死,他的部队也寸兵不存。马林率军由三岔堡抵达二道关,听说杜松大败,便扎营自己保存力量。后金军队乘胜攻击马林,马林战败,游击麻岩也战死。刘𬘭单独率兵从马家寨口入,深入三百多里,攻克敌人十几个寨子。但后金兵冒充成杜松部队,假称为刘军做向导,结果将刘军引入重围,刘军失败溃散,刘𬘭阵亡。只有清河一路,李如柏奉经略之命撤回,获得保全。也有人说,李如柏是由于前些日子游击李永芳投降后金,暗中勾结才得以保全。这次战役,明军将士死亡达四五万人。事情传到朝廷,京师大为震惊。紧接着,后金军队又攻克辽东许多城邑卫所。明朝起用前御史熊廷弼[1]经略辽东，捉拿杨镐、李如柏进京听候发落，最后都施以斩刑。

38. 匿名妖书

最初，神宗继皇帝之位时，立王妃为皇后，王后无子，王恭妃生皇长子，郑妃生皇三子，神宗宠爱郑妃，加封她为贵妃。给事中姜应麟、主事孙如法上言，认为王恭妃生育皇长子，五年未闻加封，郑氏一生子就封为贵妃，天下不能无所疑。神宗大怒，把二人贬为典史。自那以后，沈鲤、申时行、许国、王锡爵、王家屏等九卿科道都曾交奏章请皇帝立太子，神宗讨厌他们随便议论朝廷大事，更加置之不理。等到皇长子十三岁时，辅臣王锡爵坚持请立太子，神宗才诏命让皇长子与皇三子一同出阁讲学读书。

这时，河南闹大饥荒，以致到了人吃人的地步，神宗与郑贵妃阅读奏章心生同情。郑贵妃请求自己拿出私房五千金来救济灾民，神宗听后非常高兴，自己也拿出五千金，河南靠此渡过了饥荒。诸臣再次请求立太子，到万历二十九年（1601），神宗才立长子朱常洛为皇太子，此时常洛已经二十二岁了，才举行了行冠礼。又封了福王、瑞王、惠王、桂王他们也都到这时才行冠礼。

---

[1]熊廷弼（1569—1625），字飞白，号芝冈，仁夏人。万历进士，明末将领。

随后又册立郭氏为太子妃。

这时,有人写匿名书贴在各处,这些匿名书一夜之间从宫门到大街小巷满街都是,内容大致是说郑贵妃要危害太子,匿名书名为"续忧危竑议",指的是宋朝宁宗的世子,宋朝宁宗想立竑为太子,但到了宁宗一死,史弥远篡改遗诏,杀害竑而立了理宗。神宗皇帝听说匿名书一事,十分生气,下令搜捕妖书作者,很快长安城中没人再敢谈及此事。吴江人沈令誉被怀疑是匿名书的作者被捉拿,又捕获高僧达观,株连甚重。最后抓得皦生光,皦生光受不了酷刑,便自己承认是匿名书作者。侍郎李廷机、尚书赵世卿,劝辅臣沈一贯、朱赓用力支撑起皦生光,械具下狱,后把他分尸于市,妻子戍边。然而,妖书并非是皦生光所作,后来中书舍人赵士征生重病,承认他才是作者,结果被凌迟处死。

万历四十一年(1613),群臣联合上疏请福王朱常洵赶快到洛阳就国。这时,有练武之人王曰乾设计向皇帝揭发有奸人孔学与郑贵妃宫中的姜内相互相饮酒结盟,并请懂妖术之人王三到家中诅咒太子。神宗知道此事后大怒,一时慌得不知身处何处,以至于把御案掀翻。辅臣叶向高手持密谒奏禀神宗说:"王曰乾、孔学等人都是京城游手好闲之人,此事非常像往年妖书之事,但妖书匿名,无处可纠,今天告者与被告者都在,一经审问,事情立即会见分晓。"神宗这才默然无声,怒气渐消,也就不再追问。叶向高因而秘密奏请神宗,速令福王到他所属的封地去,神宗同意,便命令福王到河南去。

万历四十三年(1615)五月,突然有男人闯入东宫,用棍棒打倒把守宫门的一名内侍，众人一齐将其抓获，皇太子亲自奏请将该人送刑部审理。该犯名叫张差，御史刘廷元上疏说，该人行迹类似疯魔，相貌狡诈贼滑，刑部郎中吴士相等把他定为疯病。提牢官王之寀重新进行审问，张差说有个叫马三道的人把他领到庞、刘两个太监处，教他来行刺太子，其中多次提到郑贵妃的弟弟郑国泰。科臣何士晋上疏，请神宗将此事追究到底，于是群臣纷纷弹劾郑贵妃不已。神宗为此大怒，传旨将本犯张差立即凌迟处死，不许波及一人。很快又把太监庞保、刘成处死在内庭，事情才算平息。

万历四十八年（1620）夏四月，王皇后去世。五月，神宗患病。七月，皇帝的病情加重，召内阁大臣方从哲托嘱后事，随后便去世了。

39. 光宗病案

皇太子朱常洛即位，成为光宗贞皇帝，下诏以第二年为泰昌元年。光宗皇帝下诏停止征收矿税，撤回派往各地的内监，选拔补上了各种废官，发白银一百万两来救济九边之民，天下都欢庆称颂。万历四十八年（1620），刚作了一个月皇帝的光宗突然患病，内廷御医崔文升给光宗服用通利药，结果皇帝一夜之间腹泻不止，起来三、四十次，弄得光宗气息奄奄，支离于床褥之间。光宗封元妃郭氏、才人王氏为皇后，又因为选侍李氏服侍皇帝尽心尽力，不辞劳苦，所以封为贵妃。这时，鸿胪寺丞李可灼进了一丸红铅丸，说能治皇帝的病，光宗服后病情稍微见好，李可灼便又进一丸，谁知光宗服后于九月初一去世了。光宗皇帝在位一月，寿三十九岁。有人说是郑贵妃用泄药害死了皇帝。

光宗去世，内廷急忙宣召各位大臣，诸臣进殿后，给事杨涟说："李选侍不是可以将少主托付给她的人，应该赶快请求见嗣子，对他呼万岁来定危疑，然后我们拥他出宫，移住到慈庆宫才是。"诸大臣都认为很对。于是大学士方从哲率领诸臣哭祭完先皇，便请叩见皇长子。皇长子开始很久没有出来见他们，诸大臣竭力相请，皇长子才出来。于是，诸臣便拥着皇长子到达文华殿，行五拜三叩头的大礼，高呼万岁，群臣请求皇长子即日登极。皇长子下谕旨九月初六即位。接着，群臣又把皇长子拥入慈庆宫，内阁大臣刘一璟奏曰："现在乾清宫还未清除，请殿下先暂居慈庆宫。"因为这时，李选侍仍居住在乾清宫，御史左光斗、给事杨涟请李选侍立刻移宫，李选侍不得已，移居仁寿殿。

40. 熊廷弼戍边

皇长子朱由校即皇帝位，成为熹宗哲皇帝，下诏从当年八月起到十二月止仍为泰昌元年，以第二年为天启元年。当初，光宗服用李可灼红丸药病情稍有好转时，方从哲拟旨赏给李可灼五十两银子，到这时群臣纷纷交奏章论崔文升、李可灼有杀君大罪，应交给法司究问，最后刑部判二人充军。熹宗下诏立张氏为皇后。当时，经略熊廷弼在辽东修筑城池，训练军士，通商贾，集粮饷，竭力支撑，才使得两年内没有边疆大事。然而御史冯三元、顾慥、科臣姚宗文等人却因为私忿弹劾熊廷弼无谋而欺君，

校场练兵

熊廷弼不服，这样辽东的存亡便不知还能有多久了。这些人又怂恿其党羽魏应嘉、郭巩、张修德、魏应科等人先后交奏章论熊廷弼的不是。于是熹宗下诏让熊廷弼回原籍听候审查，兵科杨涟上疏救熊廷弼，熹宗不听。接着熹宗又下诏将熊廷弼革职家居。任命袁应泰经略辽东。后金兵攻克沈阳，明军大败，总兵贺世贤、尤世功、陈策、童仲揆、石柱宣慰司上官秦邦屏等人都死于该战。接着后金兵攻克辽东，明军又大败，经略袁应泰、巡按御史张铨、守道何廷魁、监军崔儒秀等人都在这些战斗中战死。事情发生后，京师大震。

当初，辽东巡抚薛国用称病辞官，这时熹宗又任命王化贞为辽东巡抚。御史张秉谦上疏，替熊廷弼申诉冤屈，说如果熊廷弼在，决不会使辽东之事败坏到这等地步。熹宗于是下诏召熊廷弼到京，重新任命为辽东经略。这时，辽西尚未丢失，熊廷弼驻扎在右屯，认为大败之后，没有兵力可以战斗，应该固守。但王化贞却误信有辽西之兵相助，竭力主张进攻以收复辽东。朝廷同意王化贞的意见。于是，催促他们尽快开战。王化贞命令总兵刘渠移军振武，这样广宁便空虚了。后金兵攻到振武，大败明兵，斩杀刘渠。王化贞吓得浑身哆嗦，不战而逃，跟他一起逃走的有数十人，当他们逃到闾阳时，正遇到经略熊廷弼从右屯引兵而来，王化贞向熊廷弼大哭，熊廷弼说："您不招募铁骑，不把广宁的兵撤到振武，便不会有今天的败局。此时只有保护百万生灵进入山海关，不要再留给敌军就够了。"于是二人整理军队西行入关，辽西也失掉了。明兵只好严守山海关。朝廷为此逮捕王化贞、熊廷弼听审。这样朝廷中一些大臣又以私忿报复熊廷弼，商议把他与王化贞一同问斩，最后把熊廷弼传首九边。从此后，忠良解体，明朝之事已不可挽回了。

41. 叛反连绵

由于辽事日益急迫，朝廷便于四方征兵。四川永宁宣抚使奢崇明与其子奢寅素有叛逆之心，这时他们请求提兵三万到辽东救援，并派遣其部将樊龙、樊虎到重庆。四川巡抚徐可求来检查，发现樊龙等人过分奢侈，致使军饷都发不出。樊龙便鼓动众人造反，杀死了徐可求，紧接着便引兵逼迫成都。左布政使朱燮元全力抵御。石柱土司秦邦屏在辽宁战死，其妹秦良玉掌管他的大印，此时提兵前去救援，与朱燮元一同在成都城下大破樊龙等叛军。奢崇明父子闻讯拔营逃走，返归重庆。事情奏报朝廷后，熹宗任命朱燮元为四川巡抚。奢崇明失败后，便引诱与他关系密切的死党、贵州水西土目安邦彦一同造反。安邦彦占据平彝、龙里等地，又攻破乌撒，进而包围贵州，他用诈降之计杀死巡抚王三善。这样贼兵势力大增，便分为三路进兵，一路攻云南，一路攻遵义，奢寅则专攻永宁。奢寅生性凶淫，见到部下妻女稍有姿色的，必定要奸淫，见到有财富的，便要勒索，如果谁要不从，他便将其杀死。因而，奢寅部下苗老虎、阿引等人都十分恨他，乘他酣歌醉卧之时，把他杀了，并且投降了明朝。但奢崇明和安邦彦的气焰仍在，直到崇祯年间，总督朱燮元才将其讨平。

这时又有山东人徐鸿儒，于万历末年创立了白莲教，聚众达数千人。深州人王森，因为救了一只妖狐之命，狐狸让他割断自己的尾巴收藏，说这样便能知道他人的美善罪恶。遇见人妖狐的尾巴能释放香气，人们闻到香味便自愿来归附，王森因此得到了资产数万。这时，王森之子王好贤与景州于宏志约徐鸿儒一同造反，他们连续攻破郓县、邹县、滕县、钜野县，又攻陷长镇，掠得粮船四十余艘，集合民众十多万人，于是他们便占据衮州、济南等地，势力十分强大。从五月到九月，用了四个月的时间巡抚赵彦方才将其讨平。

42. 宦贼魏忠贤

然而，这些人的起事对明朝还都没有大损，真正损尽明朝元气，导致明朝灭亡的乃是明朝内贼魏忠贤和客氏。客氏本是定兴县民侯二的妻子，生子国兴，十八岁时进宫给皇太孙做乳母，又过了两年成为寡妇，于是便留在宫中侍奉皇太孙。魏忠贤原名进忠，肃宁县人，少年之时便十分狡黠聪慧，目不识丁，只好饮酒，善于骑马射箭，有胆力，由于赌博失败，便自宫做了太监，隶属于司礼太监孙暹名下。由于他带皇太孙游玩，十分得太孙的欢心，因故又与客氏臭味相投，相互通奸。同时，另一太监魏朝也私通客氏。熹宗即位后，一天晚上魏朝与魏忠贤争抢客氏，在乾清宫暖阁中争先后，争吵之声传到皇帝那里。这时熹宗已经就寝，听到吵闹声后十分生气。魏朝与魏忠贤等吓得都跪在皇帝的御榻前听候皇命。客氏已经讨厌魏朝而喜欢魏忠贤，因而向熹宗进言，于是熹宗便赶走了魏朝，独宠魏忠贤。魏忠贤假传圣旨把魏朝发配凤阳，并令其上吊自杀，这样魏忠贤便独得了客氏。

司礼太监王安历来刚正不阿，在熹宗登极时，与诸位大臣同受顾命之责，此时见魏忠贤侵权，想要重重惩罚他，但魏忠贤却先怂恿给事中霍继华弹劾王安，客氏也从中附和，因而假造圣旨革了王安之职，又谋划杀死了王安。从此，客氏与魏忠贤相互串通，恣意乱为，多行不道。御史王一心、倪思惠，科臣侯震旸等人相继上疏弹劾客、魏，却都遭到谪贬。魏忠贤设置内兵上万人，都穿盔戴甲出入，鼓乐之声吵得宫内不得安宁。内监王进在熹宗面前试用火器。火器爆炸，炸伤王进的手，几乎伤害到熹宗。

御史刘之凤、李应升、黄尊素、宋师襄交表章议论此事，魏忠贤便假拟圣旨一一严厉指责他们。光宗的选侍赵氏与客、魏二人有矛盾，魏、客便假造圣旨将她赐死。熹宗的裕妃张氏刚刚怀孕，客氏嫉妒她，便在皇帝面前说张氏的坏话，结果断绝了她的饮食，致使裕妃倒在襄道屋檐下而死。冯贵人曾劝皇帝撤去内操，因而客、魏二人恨她，没多久，他们便设法把冯贵人也赐死了。李成妃为冯贵人说话，也被二个奸人假造旨意革去封号，绝进饮食，李成妃吸取裕妃被饿死的教训，秘密把食物藏在夹壁间中，坚持数日不死。这时客、魏二人怒气稍减，便将她斥为宫人。皇后张氏素来精明，客、魏对她也畏惧三分。皇后怀孕后腰痛，客氏秘密吩咐心腹宫人设法使皇后小产。魏、客二人又在上郊之日，杀害胡贵人，却说她是得暴病而死。魏、客二人还庇荫客氏之子与魏忠贤的弟弟、侄子加官进爵，赐给田地。

都御史杨涟上疏弹劾魏忠贤犯有二十四大罪行，熹宗却下旨指责他，并且决不宽恕。这全是因为熹宗并不识字，旨意都出自魏忠贤，而魏氏也不识字，一切都是其党羽李永贞、李实、李明道、崔文升等阿谀魏忠贤之意所做。群臣见了这种情况，无不激愤，于是南北科道卿寺魏大中、周宗建、左光斗、赵南星等人继杨涟之后接连上疏申奏之人不下百数，无一不危悚激切。但皇上不识字，又怎么能理解呢？结果反而下诏削去都御史杨涟、左光斗的户籍，罢免尚书赵南星、都给事魏大中等人官职，一时间正人尽去，都署空缺。大学士魏广微等人依附魏忠贤来巩固自己的地位，崔呈秀、阮大铖、倪文焕、武臣、田尔耕、许显纯等人也都是因为讨好魏忠贤而受到重用。

熹宗天启四年（1624）三月，刑科傅櫆诬参左光斗、魏大中，奏辞中牵涉已故内臣王安以及中书汪文言等人，于是又逮捕惩治汪文言，将他杖打并革职为民。同年十二月，御史梁梦环重又论及此事；大理寺丞徐大化又诬陷杨涟、左光斗；工部主事曹钦程重又诬劾赵南星、周宗建、张慎言、李应升、高攀龙、魏大中等人受熊廷弼之贿，以汪文言为中间人。于是，熹宗又下诏逮治汪文言，并命锦衣卫指挥许显纯审问他，逼迫他牵连赵南星、杨涟、左光斗、魏大中、缪昌期、袁化中、王之寀、施天德、周朝瑞、黄光龙、顾大章等人。虽然严刑拷打两个多月，汪文言仍宁死不屈。最后严审时，用了残酷极刑，汪文言不能忍受，仰视许显纯说："任凭你巧为，我承认就是了。"许显纯便让他诬陷上述诸人受了熊廷弼的贿赂，汪文言听后竭尽全力起来说："天大的冤枉呀：这样污蔑清廉之士，我宁死也不能承认！"然而这些奸巨仍然把杨涟、左光斗、周朝瑞、顾大章、袁化中等人投入北镇抚司大狱鞭抽荆打，甚为残酷，最后都杀死在狱中。熹宗赐给魏忠贤一块大印，上写"顾命元臣"，同时也赐给客氏一块写着"钦赐奉圣夫人"的印。

这时，魏大中在押送京师途中经过吴县，辞官的吏部主事、苏州吴县人周顺昌正在家居，他把魏大中留在家中数日，殷勤款待，还把自己的女儿许配给魏大中的孙子为妻。负责押送的官吏催赶魏大中快走，言语中冲撞了周顺昌，顺昌怒目呵斥他说："你不知道人世间有不怕死的男子汉吗？你归京入朝后对魏忠贤说，我就是过去的吏部郎周顺昌。"等到魏大中关入监狱，御史倪文焕便以联姻之事弹劾周顺昌，魏忠贤假造圣旨下令逮捕周顺昌。天启六年（1627）的三月，捉拿周顺昌的官吏到达吴县，吴中一片沸然。老百姓历来尊敬周顺昌，听说他被抓都十分气愤。周顺昌改穿囚服出门，老百姓拥送之人达数千之多，他们都恳求巡抚毛一鹭上疏搭救周顺昌。毛一鹭急得满头大汗，说不出一句话来。提押官厉声斥责老百姓说："东厂抓人，你等鼠辈怎么敢多嘴？"这些话激怒了众人，市民颜佩韦等人上前直言相问："圣旨是出自朝廷呢，还是出自东厂？"提押官说："圣旨不出自东厂，还能从什么地方出？"民众听后大怒，哄然向前，与提押周顺昌的官兵殴打起来，当即杀死一名官兵。周顺昌因为书别亲朋好友，私自赴京，结果被投入镇抚司大狱。许显纯对周顺昌严刑拷打，将他杀死在狱中。毛一鹭上奏说发生了民变，朝廷来密旨把颜佩韦等五人问斩。

这年八月，清太祖高皇帝努尔哈赤去世。九月，清太宗文皇帝即位，下诏以第二年为天聪元年（1627）。明熹宗身边能说会道的奸臣、浙江巡抚潘汝祯请求为魏忠贤建生祠，又乞求皇帝赐给匾额，熹宗下诏依从，于是潘汝祯便在西湖山脚下建立一座魏忠贤祠堂，装饰得极为华丽，熹宗亲赐匾额"普德"。当下，四方都仿效这种做法，请建祠宇，结果魏忠贤的祠堂几乎遍及全国。各地还都出于曲意献媚的目的，务求穷工极作之巧，有的用沉香木造魏忠贤像；眼、耳、口、鼻、手、足犹如生人。

天启七年（1627）八月，熹宗患病，由于他无子，便召御弟信王朱由检入内，告诉他应该做尧舜之君，好好看待中官，并委托任用魏忠贤。信王走后，熹宗去世。熹宗皇帝朱由校在位共七年，只活了二十三岁。魏忠贤想篡位却又不敢，只得亲自出来迎进信王。但信王感到很危险，他怕魏忠贤谋害他便将食物藏在袖子中带进宫中食用，并且不敢睡觉，秉烛独坐以待天明。

第二天，信王朱由检在中极殿即皇帝位，受百官朝贺，天空中突然有鸣响之声，朱由检改第二年为崇祯元年。魏忠贤乞求辞官，朱由检不许，又命令奉圣夫人客氏搬到外宅居住。御史杨维垣、首参崔呈秀，出言进攻魏忠贤。吏部主事钱无悫也上疏参奏魏忠贤。又有嘉兴县贡生钱嘉征上疏参魏忠贤十大罪状。十一月，崇祯将魏忠贤贬到凤阳守皇陵，抄没其家。魏忠贤走时，拥送的徒众甚多，崇祯听说后，赫然震怒，下令锦衣卫将他逮捕治罪。魏忠贤行到阜城时，知道他的罪行不可免，所以自杀了。原来上清宫中的宫人身怀有孕的有八人，都是客、魏两家的侍妾，因为怀孕故而藏在宫中，就如战国时秦宰相吕不韦的故事。崇祯为此大怒，立即命令将这些宫女与客氏一道送浣花局打死，抄没其家。客氏之子锦衣卫指挥侯国兴与魏忠贤之侄宁国公魏良卿等皆伏诛。魏忠贤、客氏还受到分尸处罚。崔呈秀、许显纯、田尔耕等魏忠贤的党羽同时一概斩杀。凡是依附奸党之人，以罪行的大小定为七等，天下人心大快。然而明朝元气已因此丧失殆尽，上天又不保佑，此时又闹起旱灾、蝗灾，造成各地农民纷纷起义，明朝于是行将灭亡。

43. 异象兆祸

明朝将亡，各种灾害也特别严重，如夜间天空光亮如白天，日食、地震的出现，地裂涌出血红的浆液等等，不一而足。闽县有一个少妇，在菜园中摘菜，老虎越园而入将少妇掠走奸淫，少妇吓得几乎送命，少妇家人一同将虎赶走，后来少妇生下一虎，弃之于野外。又有余杭县周氏与龙交媾，生下四条蛇。太原静县李良雨忽然从男人变为妇人，与同姓之人苟合为夫妇。睢宁下大雨，河堤决口溢水，天空云中出现五条龙。忽有一天，又有龙被蜘蛛网所挂，不能逃脱，不一会儿有一条龙纵火焚烧蛛网，龙才脱去，蛛死于山中，丝网却仍弥于山谷中。万载县有一块巨石从天而降。张方伯修甘州城时，得小棺材五百多具，每具均约二尺多长，启开棺盖来看，每具棺中装敛一人，男女老少各有不同，却都头戴纱帽、身着红袍、凤冠霞帔，其中少妇都十分美丽动人，去衣观看尸体，都莹白可爱。又有南宿州村中民妇，一胎生下七个男孩，孩子的皮肤红白黑青，各不相同，家人认为是妖怪，让人埋掉。当天夜里，村中有一个长辈睡梦中梦见天神说："明天有七位将军遇灾难，路过你村，你们应当救他们。"长辈启开门板一看，果然见有一人携带一筐，筐上用衣服盖着，内有许多小儿哭啼之声，询问才知缘故，于是长辈便遵照天神之语收养了他们。待这七个小儿长大后都勇猛异常，崇祯时都是农民军首领。

万历二十二年（1594）九月初六之夜，天空中出现一颗星，圆大似碗，颜色如血，红光照耀大地，霎时又变为五颗星，也如碗大，都是血红色，到三更时又合并为一颗，四更时又分为五颗，五更又总归为一颗，如米笲大小，呈血红色甚是怪异。顺德县有民妇生下一女，该女暴长，一个月内便长如成人。万历三十二年（1604）二月，厚载门皇城一带，忽然出现城郭、山川、树木、人物的幻影，又出现无数铁骑降临城下，城墙上出现竖立的旗帜。京城发大水，有个巨人从北方来，身穿白衣，头戴白帻，双耳下坠，身高二丈多，双目炯炯，火光射地，向南而去。苏州城东太学陆邦杰家有一妇人，生下一个肉胞却没有血，刺破肉胞，里面有百余个小儿，都一二寸长，能够蠕动。苏城吴乙之妻产下金色鲤鱼，长四尺，家人把它投入水中。山东一带有一人家在仓中收藏小黑马料豆，却都飞得不见踪影，结果在仪真从天而降，有人捡到，有的一撮有二三合之多。

天启二年（1622）六月，日正当午，北方出现一星，随太阳而转。当涂县有一民妇生下一物，如乌鸦却没有羽毛，片刻之间化为一摊血。平阴县有人养蚕，蚕刚吐丝，还未成茧，一夜之间忽然变成一面面黄旗，长度都有一丈多。崇祯皇帝即位，将要坐上宝座时，忽然大殿西侧发出巨大声响，如同天崩地塌，卧马都惊，群臣百官更是惊恐万状，并且在五凤楼前捡到一个黄包，包内有一个小函，上写："天启七，崇祯十七，还有福王一。"

崇祯元年（1628）七月廿三日，杭州仁和县牛头堰村民于望云家生下一子，孩子刚满月，忽然发大水，大水如浪涌来，于家人惶惧逃跑，小儿被潮水卷走。第二天，赭山港渔民捕获一条大鱼，重达百余斤，众人将鱼抬到彭敬全家，换了酒米。打开鱼肠一看，有一小儿在其中端坐不动，大家认为神异，正巧彭家无子，便把小儿当自己孩子喂养．于望云家亦无其他孩子，听说此事后，便到彭敬全家请求送还孩子，彭家不允。于望云便到官府告状，官府判得鱼腹中能得全子，乃是千古异事，让两家共同拥有该子。到该子长大后，两家各自为他娶妻。住在于家之妇生的孩子，便是于家之孙；住在彭家之妇所生孩子便是彭家之孙，后来各自生了数子。松江有一姓莫老翁，其女儿已经嫁人，却忽然变为男人。河南遭大旱，密县民妇生下一个造成旱灾的鬼怪。河南某地的草木都长得如战斗中人马披甲持矛的形状。孟县村民孙光显家的祖墓以及同村王氏、党氏家的墓地一带，生长出一种匍匐草，夏天抽发新枝，枝条呈万种形状，有的为美人、书生、达官贵人；有的为龙、凤、龟、麟、雀、鱼、蛇、鼠状；有的为蝉、孔雀、鹦鹉之状，都有五彩点染，栩栩如生，奇巧可爱。和州某地种芥菜结茄子。宣城城墙出血。京师城门有女子啼哭之声，又有空中炮鸣，深夜鬼哭之声。山东天降血雨。京师宣武门外斜街有人家中养了一只白条鸡，羽毛鲜艳，好斗，纯红色，逐渐长大，重达四十多斤，有占卜之人说："这是一只鸭子，所见之处该国要亡。"

崇祯十二年（1639），凤翔闹鼠灾，大鼠成群，能吃牛，甚至还吃人，将人咬得露出骨头。该年四月，有一颗星坠落于凤翔彭画师家，却不着地，像金属一样旋转，很久以后渐渐升高飞走，照耀数十里，同时各处都听得见鬼哭之声，声如咆哮，随声音还有影像出现。松江出现一条大鱼，长约数十丈，鱼眼中可容纳三人却没瞳仁。襄阳春山乡村民捕获一头牛，生有两头二目。德安府天降鱼雨。崇祯十三年（1640）九月十五，两日并出。崇祯十五年（1642），顺天府的河县，天空中忽然坠落一龙，牛头蛇身，有鳞有角，在沙土中间弯转号叫，人们用水泼它，便稍稍停止，三天后死掉。泰州的两座山忽然合而为一，居住在两山之间的人都不见了。京师中的铁炮忽然自己鸣放。四川有水变成血，井中发出鸣响之声。山东有一妇人生下一小儿，人身，双猫之首，头上长角，角的上方有眼，手长垂过双膝，兼有雌雄两体。嘉定有一男子没有家室，忽然肚子增大，面色蜡黄，人们都以为他中了蛊毒，其邻居夜里听见呼喊声，进入他家一看，这个男人却生下一个男孩，邻人把此事报告官府，男人却已抱着孩子逃走。蕲州县闹鬼，大白天列成阵，在屋墙上行走，嘲弄住居之人。奉先殿顶上的鸱吻忽然落地，作披发鬼状哭喊着出宫而去。

崇祯十六年（1643）正月，京师军营的巡捕军夜间宿营在棋盘街之西，刚交更时，有一老人来说："夜半子时，有一个妇人浑身缟素，哭泣着自西而来，她要向东去，你们不要让她过去，如果让她过去，就要遭厄运，到鸡鸣时便没事了。我是土地庙的神仙，所以来告诉你们。"夜半子时，妇人果然来了，值班军士按老者之言，不让她过。但在五更前，军士偶然睡着，妇人便向东逃去，很快妇人又返回，把巡逻之人弄醒说："我是丧门神。上天命令我行罚这里，你为什么听老人之言阻拦我，灾祸马上降临你头上。"巡逻之人赶快回家告诉家人，话还没说完就倒地而死。又有瘟疫横行，人鬼混杂，天还未黑人就不敢出行，一时间买卖贸易中所用纸钱都要先投入水中，有声响的便是钱，没声的则是纸。大瘟疫过后，河北有小儿见到一人，脸上有白毛，便把这人赶到废棺之中，发棺时白毛飞满空中，没过多久，便又发生了羊毛疫。羊毛疫逐渐传染到江南，老百姓互相告诫："不要吃茄子，吃茄子必然生病。"既而试验，把手中茄子分成两半，立即就有羊毛出现。用药治这种病难逃一死，只有把中指刺破，流出紫血，去了羊毛才能痊愈。汤溪种李却结黄瓜。义乌有牛生两个头，一身有八条腿。

崇祯十六年（1643）十月初十黄昏时，皇家御库中银子忽然飞出一大片，银子的边相触发出声响，自西向东飞去。光州下了棉絮雨。皇宫中出现黑病。杭州出现鸺鸟，鸟身人面，两翼四足。沅州、铜仁连界之处，挖掘出古碑，上面有两行字，说："东也流，西也流，流到天南有尽头。张也败，李也败，败出一个好世界。"凡是有流贼所到的城邑，三天前必然先有鬼到，这些鬼千百成群，先大然后逐渐变小，每到一处，城中之人都不知该怎么办，任凭它奸淫屠戮。各种灾异现象，多不胜书。因而说，国家将亡，必有妖孽呀！

44. 磔杀袁崇焕

崇祯皇帝，清朝加给的谥号为愍帝。愍帝杀了魏忠贤后，天下人歆然期望得治。无奈愍帝虽然英明勤俭，爱民图治，但是个性却刚愎自用，专以察验为明，结果反被群臣所蒙蔽。而且在粮食及赏罚上，既不了解人，又不知兵，丝毫没有驾驭经济的才能。而他的两三个文臣，都是只会纸上谈兵的腐儒，根本无用，却只知道相互结党，只为自身打算，并不为天下国家大计着想。他的几个武臣则又都认为消灭了农民军，可以太平无事了，所以必然被文臣所欺凌，因而他们虽然屡次打败农民军，却不肯彻底消灭他们，完全是为了挟持农民军以自重，所以当时有一段民谣说："崇祯十七年（1644）三月十八，明朝诸臣送礼给李自成，具柬说：'谨具大明江山一座，奉申敬，文八股顿首拜。'"这是出于气愤这些腐儒的亡国之罪。

愍帝刚刚即位时，便起用袁崇焕[1]为兵部尚书兼右副都御

---

[1]袁崇焕（1584—1630），字元泰，东莞人。万历进士，明末大将。天启二年曾大败努尔哈赤。

史,总督蓟、辽、登、莱、天津各地的军务。袁崇焕由于私忿杀死左都督毛文龙。事情的起因是,游击毛文龙奉辽抚王化贞之命安抚猪岛、黄鹿岛等处,结果他带领二百人占据铁山皮岛,并且召集许多亡命之徒,聚众达十万人,逼近辽东,成为牵制后金的大患。但是,袁崇焕恨他刚慎自用,便把他给杀了。由于毛文龙于崇祯二年(1629)四月被杀,于是明朝的灭亡是必然的了。

崇祯元年(1628),陕西延安大闹饥荒。府谷民王嘉胤领导起义,同时又有不沾泥、杨六郎等人起事。延安人张献忠[1]也随同这些人一同举事。张献忠足智多谋,当时号称"八大王。"这时,又有白水人王二起兵响应王嘉胤,向北与王嘉胤之兵汇合,人数达到五六千人。他们一路进攻,迅速攻陷延安、蒲县、韩城等地。米脂人李自成[2]也去投奔了王嘉胤。李自成家境贫困,性情聪颖,善于飞跑,能骑能射。没过多久,参政洪承畴[3]奉命镇压这些起义,并打败起义军,相继俘获了不沾泥、杨六郎等人,

[1] 张献忠(1606—1646),字秉吾,号敬轩,延安柳树涧人。明末农民起义军首领。

[2] 李自成(1606—1645),本名鸿基,陕西米脂李继迁寨人。明末起义军首领,曾建立大顺政权。

[3] 洪承畴(1593—1665),字彦演,号亨九,福建南安人。万历进士,后降清,官至兵部尚书、翰林弘文院大学士等职。

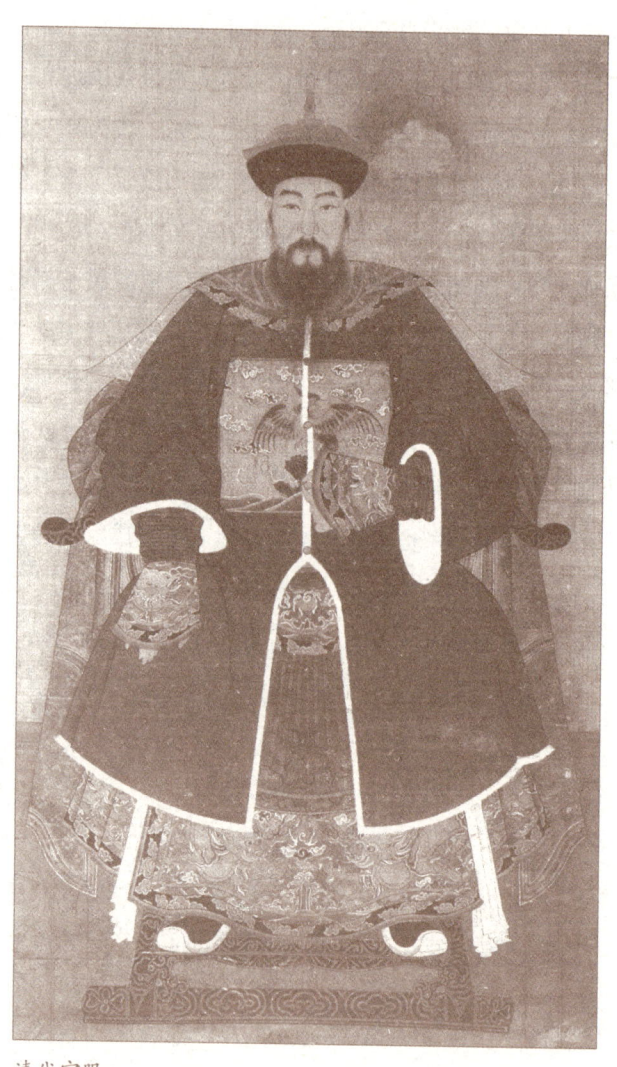

清代官服

李自成逃走藏匿在延安的山泽间,得以幸免。崇祯二年,官军围剿并平定了汉南起义军,张献忠占据米脂县十八个寨子,此时也只好向秦巡抚杨鹤乞求投降。但杨鹤昏庸无能,为了邀功,又派遣官吏四处招抚起义军,起义军的一些首领,如黄虎、小红狼、一丈青、龙江水、掠地虎、郝小泉等人都来投降,杨鹤都给了他们免死牌。这样,这些起义军首领表面上虽然投降,实际上仍存反叛之心,大患已经形成了。

这年冬十月,清太宗皇太极亲自率兵南下。大军路过京城时,群臣便想一举夺取大明,皇太极下不了决心,于是便班师北归了。

明朝中了后金的反间计,将蓟辽总督袁崇焕逮捕下狱,接着又在市中磔杀,从而使明无力抵抗后金,无奈只得警诏天下勤王。山西巡抚耿如杞奉诏率兵来援,他所统率的兵将都是常守边疆的劲卒,到达京师后进行戒严,兵部多次调动其兵不止,同时又不发给其粮饷,于是该部在涿州哗变,大肆攻掠良乡。朝廷将耿如杞逮捕,把他论为死罪,致使他的部将叛乱为盗,大扰山东。接着,耿如杞残部又与李自成会合,聚众上万人,共同推举高迎祥[1]为闯王,李自成为闯将,流动于山西、河南等地。崇祯三年(1630),秦川一带闹旱灾,粮食价格十分昂贵,军饷匮

---

[1]高迎祥(?—1636),一名如岳,陕西安塞人。明末农民起义领袖。

乏，部队无粮，兵士便都逃到山间落草为寇。

45. 烽烟遍地

这时山东一带起义军日益发展，朝廷为此议论核发兵饷，各边镇一共筹集兵饷数十万，然而部队仍有许多哗变，并且率领饥饿百姓一同起事。又有给事中刘懋请求裁掉一些驿站，说这样每年可以省去金钱数十万，崇祯帝依从了他。哪知道，河北游民一向以劫持驿站为生，这时无处得食，便索性一同投奔了农民军，叛乱起事之风更为强烈。给事中吴执御请求皇帝罢免各种加派、捐助及搜刮这三项沉重负担，以松懈对百姓的困扰，崇祯却不听；吴执御又请求在边疆的诸城邑，选择好的官吏借助本地的钱粮，训练土著兵丁，各自为守，使起义军无处落脚，然后再发兵征讨，这样便能取胜，崇祯还是不听。

六月，曹文诏在阳城击败并杀死了王嘉胤，起义军又推举王自用为首领，号称"紫金梁"。起义军其他的头领，也都各有自己的称号，如：老回回、八金刚、闯王、闯将、八大王、择地王、闯塌天、破甲锥、邢红狼、乱世王、混天王、显道人、乡里人、活地草、草里狼、左金王、曹操、关索、混天星、过天星、独行狼、蝎子块、一字王、射塌天、混十万、可天飞、混天飞、点灯子、王老虎、金翅鹏、满天星、混天猴、上天龙、马志虎、独头虎、上天猴、黑煞神、飞山虎、一只虎、撞天王、翻山鹞、整齐王、紫微星、托天王、十反王、小秦王、混世王、上天王、一连莺、一盏灯、钻天哨、开山斧、一座城、通天柱、爬天王、抓地虎、滚地狼等名号。上面诸人，或一个人率领一营，或二、三、四、五个人率领一营，一共分为三十六营。这时，张献忠等人重又反叛而去，分兵陕西、山西、山东、河南、四川、湖广、河西几路，由北到南，自南而北，所过之处，烧杀抢掠，其惨状亘古未闻。

朝廷将总督三边的都御史杨鹤下狱，以被起义军诈降被欺定罪。这时，各地义军一旦打了败仗，便投降官军，随降随叛，朝廷大臣任其所为，所以有官贼之称。而此时官军由于无饷，也到处奸淫掳掠，于是民不聊生，都纷纷参加义军，几乎可以说没有老百姓了。八月，崇祯帝下令让洪承畴总督三边军务，洪承畴、曹文诏击败义军赵四儿，将他活捉，一问他便是点灯子。崇祯五年（1632），陕西义军进入山西，四处攻杀。山西巡按罗世锦将责任归咎于陕西，说以邻国为壑。给事裴君锡为山西人，上言请求责成秦巡抚把义军赶回秦地，然后再议围剿招降之事。处事之人这等无识。洪承畴、曹文诏在西澳打败起义军，又在铁角城获得胜利，斩杀农民军头领可天飞、独行狼等。曹文诏忠勇无敌，屡建大功，但却因此为文臣所排挤，由于他没有后援之力，结果在娑罗寨自刎身亡。此时，文臣之间结党营私，武臣则在一旁畏缩观望。农民军诸部队没有一天不攻陷几座城邑，有的城邑只经过一次攻击，有的城邑经过数次攻击，这些经过数次攻击的城邑的妇女、百姓、屋舍几乎全部无存，只剩下一座空城而已。

崇祯六年（1633），崇祯帝命内阁诸大臣各自巡视行营，这些内官动不动便以皇威欺压下面的官吏庶司，傲慢无礼，于是官吏庶司群起来抵抗内官,这样军事上的事则被拖制了。张道濬抓获满天星,总兵张应昌逮住一盏灯,延绥巡抚陈奇瑜击斩钻天哨、开山斧、一座城等人。山西、陕西又闹大饥荒,饥民饿急了便互食人肉,因而百姓投奔农民军的人更多了。崇祯七年(1634),总督陈奇瑜在车厢峡包围李自成,这时老天不做美,淫雨连绵四十多天,农民军无处得食,迫不得已,便自己捆缚着向陈奇瑜乞求投降,陈奇瑜也就受降。没过多久,天气好转,农民军渡过了难关,于是又不受约束而反叛。闯王的先锋官高杰因为夺李自成之妻,所以向贺人龙乞降。山西巡抚戴君恩将农民首领通天柱诱杀。山西、陕西一带的饥荒更重,农民军的势力就越来越大。崇祯一怒之下削去总督陈奇瑜之职,听候发落。洪承畴奏禀皇上说:"贼兵猖獗,动不动就达到数十万人,而官兵只不过一两万人;贼兵有许多精骑,经常跨双马,而官军中骑兵只有十分之三,其他都要步行,所以无法追赶;贼到之处攻掠城堡,立即可得到食品,而官军必待转运,如果不大发兵饷,怎么能克敌制胜呢?"与此同时,河南也发生大旱,许多人也投奔了农民军,农民军更为强盛。

崇祯八年(1635),陕西农民军数十万人入关,分兵几路进入山西、河南、两湖、四川。河南农民军也进入江南。赵六安攻陷凤阳,焚烧皇陵,恣意奸淫掳掠。皇陵被烧之事报到朝廷,崇祯穿素服退避殿内,亲自祭祀太庙,遥告祖先。蕲黄村村民抓获并杀死爬天王,爬天王父子每日吃人肉,双目赤红。崇祯九年(1636),武举人陈启新上言说:"科举无用,只知道虐待剥削人民来养肥自己，老百姓能怎么办？不被逼为盗还能干什么？圣上的天下不断送在这些章句腐儒手上他们是不甘心的。"崇祯惊奇他的言论主张，便提拔他为吏科给事中。然而陈启新实际上也没有什么异能奇才可用，到崇祯十四年（1641），因为匿丧被弹劾，崇祯下令捉拿审讯他，结果陈启新吓得逃跑了。这一年，总理卢象升在谷城打败农民军，斩杀首领黑煞神、飞山虎。

崇祯九年（1636）四月，大清太宗皇太极称帝，建国号"清"，将该年由金天聪十年改为清崇德元年。

七月，明朝陕西巡抚孙传庭[1]抓获闯王高迎祥及刘哲等人，送往京师，崇祯下令把他们分尸处死。高迎祥死后，农民军将士共同推举李自成为闯王。明朝副大将祖大乐在永城打败农民军，杀死首领混天王。紫金梁、扫地王等许多农民军头领都归附了李闯王。崇祯十年（1637）正月，老回回等人奔向桐城，总兵秦翼明等人将其在麻城打败。老回回所属部下整齐王、八大王九营分四路溃逃，一支败走罗田，一支溃走团风，一支逃向蕲水，还有一支投奔岐亭。闯塌天等诸头领又分为两路到江北，一路自桐城进犯庐江、舒城，一路由光固翻越霍山向六合东行，接着这一路又分为数十股，分扰江北各地。这一段时间内，各路农民军首领节节胜利，混天星侵入商洛，李自成纵横西安，过天星盘踞汧

---

[1]孙传庭（1593—1643），字伯雅，振武卫人。万历进士，明末大将。

陇、独行狼打下汉南,蝎子块焚掠河西,气势十分猛烈。

明朝剿援总兵左良玉[1]在舒城、六安之间打败农民军,连战三捷。秦翼明在细石岭大战闯塌天,也将其打败,捕获农民军头领一条葱、新来虎,农民军暂时逃入大山之中。张国维督促左良玉入山搜捕,左良玉害怕入山,迟迟不去,而其兵将则每日在外夺掠,抢回数千名美女取乐。张国维再三催兵,左良玉才从舒城进发,但此时农民军已出境了。为此,崇祯下诏革去左良玉之职,让他杀敌赎罪。随后,崇祯又命陕西巡抚孙传庭兼理河南之事,并任命熊文灿为兵部尚书,总理直隶、山东、陕西、四川、两湖军务,督促他围剿农民军。崇祯十一年(1638)正月,左良玉、陈洪范在郧西攻破农民军张献忠部,张献忠无奈再度投降于陈洪范。八月,曹操在陕州会合诸农民军首领革里眼、过天星、托天星、十反王、整齐王、小秦王、混世王、整十万等人之兵,然后进犯襄阳。熊文灿迅速赶到襄阳,派遣副将龙在田向革里眼、射塌天在双沟一带邀战,并一举将其打败。老回回奔走枣阳,其他义军也跟随他。只有曹操独自留在内浙,势单力孤,于是他便向明提督太监李维政乞降。李维政把曹操之求告知熊文灿,于是熊文灿下令诸军不要进攻,曹操率所属九营全部归降,曹操被授为游击将军,粮饷军资都很齐备。由于罗汝才(即曹

---

[1] 左良玉(1599—1645),字昆山,临清人。明末大将。福王即位后,封宁南侯。

操）自言不愿意做官，愿意成为百姓耕田为生，朝廷分给他所属之部房屋，在竹、郧、均等城邑，与老百姓错壤而居。这时张献忠在谷城诈降屯兵，罗汝才与他互为声援，遥相呼应。

46. 闯王李自成

李自成虽然攻陷泸溪，但洪承畴、孙传庭却在襄阳取得大胜，将李闯王围困在潼关。当初，闯王的父亲李守忠在华山祈祷，梦到天神把破军星下凡给他做儿子，因而生下自成，所以称他为黄来儿。李自成的妻子韩氏，原来是娼妓，县役盖君禄曾与她通奸，李自成将二人杀掉，带着李过逃兵到甘州。后来李自成又娶刑氏为妻，刑氏又与高杰私通，高杰带刑氏私奔后，投降明朝。渔关失败后，李自成再娶的妻子以及女儿又都被官军所抓，只有他的随从十八骑兵跟随他逃出，路过谷城时，李自成依附了张献忠。张献忠为了探得李自成的虚实，便请李自成饮酒，喝到半醉时，张献忠把手放在李自成的背上说："李兄怎么会愿意随我一起投降而疲于奔命呢？"李自成仰头笑道："不愿意。"张献忠心想既然如此不如让他走吧，便给了李自成一些衣服、马匹，让他投奔了老回回之营。李自成卧病半年后，老回回给了他一百人马，让他带领这些人马出阶文，奔陕西而去。这时，左良玉又大败农民军，射塌天投降，射塌天就是李万庆，投降明朝后屡立战功，官至副将，负责镇守襄阳城，后来李自成攻陷襄阳城时将他斩杀。

经过这些年的激战，各路农民军几乎已都被平定，但是总督熊文灿庸懦无能，调度失宜。到了崇祯十二年（1639），张献忠在谷城第三次反叛。此时又发生蝗灾，飞蝗多得蔽日遮天，将五谷粮食全部吃得精光，饥饿之民又一哄而起纷纷加入农民军，罗汝才所部的九营也又反叛，响应张献忠之举。七月，张献忠、罗汝才在房县会合，左良玉奉命追讨他们，却大败而归。事情传到朝中，崇祯下令将熊文灿逮捕弃市，并任命大学士杨嗣昌率兵征讨农民军。罗汝才、过天星等七股义军这时已进入四川，攻陷夔州，石柱女帅秦良玉[1]向农民军邀战，杀死了东山虎。秦良玉率兵勤王，当她进见巡抚时，却公然带着十几个美貌男妾。与此同时李自成在陕西重振声威。九月，秦良玉之兵在函谷关大败李自成之兵，李自成的兵马几乎全军覆没。秦良玉在北边逼迫，左良玉之军则扼住南边，李自成之军被逼得没有其他出路，而且粮食也吃完了，许多人被迫自杀而死。李自成的养子李双喜前来救援。明将把李自成团团围住，甚为严密，督师杨嗣昌说："围师必然有缺陷，不如空出武关一路，等待其逃走时再抓他。"李自成被困无奈，将军中所带妇女全部杀掉，自己率领五十名骑兵冲破重围向南而逃，明诸将不能抵御，于是李自成从武关逃入郧阳。

[1]秦良玉（1574—1648），忠州人。明末女将，为石柱宣抚使马千乘妻。骁勇有智，善骑射，马千乘死后，她统领其部下。

这时，河南也正闹饥荒，李自成所过之处，百姓跟随者数万人，于是李自成又重振军威。杨嗣昌即杨鹤之子，父子两人前后两次误国。崇祯十三年（1640），秦良玉军又在崤函大破李闯王的部队，被杀者数千人，蝎子块被杀，其他农民军首领如整十万、扫地王、小秦王、金翅鹏、托天王、过天星、关索、满天星、张妙子、刑家米、大天王、镇天王、一条龙、小红狼、九梁星等相继投降。李闯王突破重围后，出走河南。偏偏老天不作美，南北两京加上山东、河南、山西、陕西、浙江均闹大旱、蝗灾，草木都吃尽，只能互食人肉度日，所以，农民军的势力又开始上升。又有开州人袁时中聚众攻打开州，十天之间，追随者数万人。而这时官军不杀农民军；反而每日肆意淫掠，杀死从军之男的妻子以邀赏。遇到家境稍富的，府县等官吏又给他加上通贼之名，杀死后抄没其家；遇到家中有美貌妇女的，便将其收为婢妾。遇到真正通农民军的，却又害怕不敢问罪。老百姓根本没有逃生之路，于是被迫投奔起义军，农民军日益壮大，明朝灭亡之日迫近了。

47. 闯王剪敌

崇祯十四年（1641），河南、山东的农民军全部归附于李自成。李自成带领群兵攻陷河南府。李自成将福王杀死切成小块，又混杂鹿肉，取名"福禄酒"，用来下酒。福王乃是神宗的爱子，其母为郑贵妃，富甲天下，后宫中珍珠宝藏堆积如山，都为李闯王军所得。李闯王席卷其子女玉帛进入山中，接着又命部队围攻开封。周王朱恭枵拿出五十万金钱，招募人马抵御闯王，才将其打退。与此同时，张献忠也率部袭击襄阳，焚烧了襄王府，活捉襄王。张献忠坐在王宫宝座上，令襄王坐在堂下，张献忠向襄王劝酒说："我想砍下杨嗣昌的头报仇，可惜杨嗣昌却远在四川。今天当借王爷的头，促使杨嗣昌投降伏法。"于是斩杀襄王。张献忠的一些部下奸淫宫中妇女，夺掠财宝，获得的军资器械堆积如山。这年三月，督师杨嗣昌在军中上吊自杀。

李闯王攻陷归德后，牛金星投降闯王，李自成把自己的女儿给他做了妻子。牛金星向闯王推荐了一个算卦的人，名叫宋献策，说他善算河洛之数。宋献策高不过三尺，见到李自成献上图谶说："十八子将要统治天下。"李自成听后大喜，立即拜宋献策为军师。此时闯王之军已有五十万人马，曹操重又与其会合，农民军愈加强盛。崇祯为了用人，从监狱中赦免出兵部尚书傅宗龙，任命他为陕西总督。李闯王攻打项城，傅宗龙率兵来救援，闯王大破傅宗龙军，傅宗龙大骂而死。闯王攻陷了项城后，又分兵进攻商水扶沟，接着又合兵攻取叶县，镇守的将军刘国能战死，他就是降将闯塌天。

这时农民军力量有所减弱，其中有些不坚定的已经投降了官军，而一些意志坚定又勇猛顽强的则都归附了李闯王。只有老回回、革里眼、左金王、曹操、八大王、袁时中仍然独立存在活动。老回回真名马守殷，革里眼原名贺一龙，曹操也就是罗汝才，而八大王即张献忠。老回回、革里眼、左金王攻陷了宿松、英山、潜山等处，张献忠拿下了郧西，有部队数十万人。张献忠又率兵攻打信阳，但被左良玉打败，于是张献忠投奔了李自成。李自成却想杀张献忠，张献忠不得已，只好向东与老回回、革里眼相合。老回回、革里眼、左金王及张献忠最后在河南会合，聚众超过百万人，并打下了襄阳城。

当初，陕西巡抚汪乔年掘李自成家祖墓，挖出一条蛇，形状像龙，腾空而去，将太阳咬了几口才坠落，汪乔年便命人将蛇斩杀示众。而到这时，汪乔年率兵来救襄阳城，结果吃了败仗并被杀死。又有米脂县县令边大绶挖李自成家祖坟，挖出一物，浑身长满鳞甲，边大绶下令把它剁成肉酱焚烧成灰。农民军攻陷南阳后，杀死唐王。李自成、张献忠又合兵夺取了禹州，杀死明朝的徽王。接着，二人又一同围攻开封，周王朱恭枵与巡抚高名衡、总兵陈永福竭尽全力固守。陈永福用箭射中李自成的左眼，李自成屡攻开封不下，只好退兵屯驻朱仙镇。

崇祯十五年（1642）正月，李自成攻打开封更为猛烈，他命令用洞车靠近城墙，又命令汴梁人凿挖城墙，将城墙的土挖空，共挖了几十个宽十多丈的大窟窿。然后运来数万斛（斛hú，十斗为一斛）火药填实在大窟窿内，外面再填上实土，做成一个个小土山来掩盖这些洞。农民军身穿盔甲，手持长矛，准备看到火药将城墙炸崩后便一拥而上。没想到当点燃火药时，由于旧土比较实，而新土较虚，所以火药一炸，砖瓦土石都外起崩天，并向城外乱飞，结果反把围布在城墙外的农民军战士炸死炸伤许多，农民军战士都十分惊惧，只好解围而去。老回回、革里眼、左金王、李闯王、曹操等人率领各路农民军八十万人夺取陈州，又接连攻陷了睢州、太康、归德、宁陵、考城等地。明朝督师孙传庭十分愤怒，杀死总兵贺人龙。贺人龙是米脂县人，以诸生资格被提拔起来为朝廷效忠，在镇压农民军的战斗中屡建战功，但崇祯却怀疑他与农民军秘密相通，便下密令让孙传庭杀了他。农民军听说贺人龙被杀，高兴得举酒杯相互庆祝说："贺疯子死了，我们取关中就像拾小草一样容易了。"

没过多久，山西、陕西又闹起鼠灾，这些老鼠据说产于蛤蟆肚子中，一产便有数十个之多，它们把粮食禾苗全都吃光了，老百姓没得吃，饥饿之急便相互吃人，许多人便投了农民军，使队伍更为壮大。老回回、革里眼、左金王、曹操、李闯王、张献忠等人率兵第三次围攻开封，开封守臣告急，总兵许定国命令山西之兵渡河救援开封。但是由于农民军势力强盛，官军十分害怕，全都不战自逃。覃怀督师丁启睿以及来救援的各路部队杨文岳、左良玉、虎大威、杨德政、方国安等人都在河上溃败。山东总兵刘泽清也来救援开封，在米家寨扎营，农民军连续攻打了三天，由于没有其他援军，刘泽清也率兵而去。开封城久被围困，粮食已尽，人相食。开封城北靠黄河，巡抚高名衡等人依仗可引黄河之水来因而仍然固守，农民军便决开黄河大堤，使河水直接灌入城内，河水之势如同小山直压而下，浪高有两丈多，城中兵士百姓淹死了数十万，农民军本身也有数万人被淹死。高名衡、陈永福与周王朱恭枵等人都乘小船穿过开封城，到城西登上小山，寻路逃跑。城中还剩下几万活着的人，于是农民军乘船入城，夺掠而去。

张献忠再次攻陷六安，将城中之人全部砍断一只手臂，男左女右。总兵黄得功、刘良佐率兵来援救六安，结果被农民军打败。张献忠接着又策划渡过长江，攻取南京，做皇帝、改年号。张献忠南下后，结果在潜山被黄得功打得大败，接着在安庆又与刘良佐率领的官军遭遇，并且再次战败。十月，张献忠率兵向西逃入蕲水。黄得功忠勇双全，打仗无敌，当时人称他为"黄闯子"。而李闯王一路农民军这时会合各路农民军攻取了汝宁、攻陷襄阳，将崇王朱由樻及世子、诸王、妃嫔全都俘虏带走。农民军又拿下武冈，杀死岷王。崇祯十六年正月，李自成攻破承天府，巡抚宋一鹤、钟祥、知县萧汉在该战中遇害。

当初，李自成率领农民军活动于秦、晋、楚、豫一带，攻下半个天下。接着又连续攻陷荆、襄、鄢、郢，席卷整个河南，部队人数达到百万人之多，因而李自成便当然地认为没有人能够与他争天下了，一心想着占据城邑，择立名号。其他农民军首领都奉李自成的号令，推举他为"奉天倡义文武大元帅"，李自成占据襄阳城后，把它称为"襄京"。李自成还把他所攻陷的其他郡县都改易名号。随后，李自成又重修襄王宫殿作为他的元帅宫，并且设官分职。而老回回这时也归附了李自成。革里眼、左金王虽然与李自成合兵，但他们自恃所属人多，所以与李自成貌合神离。这年三月，李自成备酒设宴招待左金王和革里眼，然而却在席上把二人杀死，合并了他们的部队。李闯王又命罗汝才攻打郧阳，罗汝才久攻郧阳不下，他所属的部队死伤很大，所以心中怨恨李自成。四月，李自成派几十名骑兵突然闯入罗汝才的大营，趁罗汝才仍睡卧未起时，把他杀死。罗汝才所属农民军全军哗然，过了七天方才平定，其中大部分人分散而逃，有的投降了陕西督师孙传庭。袁时中这时想要归顺大明，被李自成发现，五月，李自成率兵将袁时中杀死。自此以后，只剩下李自成、张献忠所率领的两只农民军驰骋于中原了。

48. 八大王张献忠

崇祯十五年（1642）十月，张献忠败走蕲水，第二年的正月，他率军夜间偷袭蕲州，并拿下蓟州。张献忠命令城中所有缙绅、孝廉、文学等官吏从城东门入，西门出，将这些人全部杀死。随后又将整个蕲州城中之人斩尽杀绝，只留下一些少年及美貌妇女，让他们光着身子毁坏城池，如果稍有不听话，便立即杀掉。到了三月，张献忠再度攻下蕲水，接着便从蕲水飞奔到黄州，乘着天下大雾攻打黄州城。黎明时分，黄州城被攻破，农民军捉拿副使樊维城，樊维城不服，被杀死。张献忠又率部队沿江而上，全军出征攻下汉阳，接着由煤炭州渡江，直逼武昌城下。此时，武昌城库藏空虚，但楚王本人却积金百万，长史徐学颜请求楚王拿出几十万来补养军队，楚王不听，却反而招募兵士帮助守城。农民军来攻城时，参将崔文荣拼死抵抗，杀死了不少农民军士兵，但是楚王府新招募的兵士却为农民军作内应，这样城池便被攻破了。崔文荣与前大学士贺逢圣以及楚王府长史徐学颜都战死或被杀。农民军活捉楚王，将他投入西湖淹死。农民军进城后，获取楚王宫中积金数百万，杀死楚宗及他的随从，将尸体投入江中，浮尸多的掩盖了江面，顺江水之流而下。张献忠部队便占据了楚王府，一些人奸淫宫中妇女。

张献忠把武昌改为京城，并设置了六部五府，他还给自己铸造了西王之宝，模仿历朝开科取士，授封郡县之官。李自成听到张献忠的所作所为后非常愤怒，派人假装向张献忠祝贺说："老回回已经归附了我，曹操、革里眼、左金王都被杀，马上就要轮到你了！"张献忠听后十分惧怕，并且心中十分恨李自成。七月，方国安会合左良玉部副将徐懋德、马士秀率领步兵和骑兵二万人乘夜偷袭农民军，并取得了胜利。左镇诸军一并向前进发，张献忠留下一部分农民军守卫武昌，自己率兵进攻岳州。官军收复了武昌，接着又收复了汉阳及其他各地。张献忠攻陷岳州后，又一举拿下了长沙，在长沙拆毁桂王的宫殿。接着张献忠又以长沙为京城，开科取士。同时，张献忠又发兵进攻江西，连续攻陷了瑞安、临江、新喻、分宜等地，将这些地方焚杀一空。随后，张献忠一鼓作气攻下袁州和吉安。同年十一月，江督吕大器率兵收复吉安。左良玉率军移镇武昌，命令马士秀等人进攻长沙，扰乱农民军后方，又命令马进忠等人进攻袁、吉，袭击农民军前锋。官军各路一齐出袭，农民军抵挡不过而战败，官军又夺回了岳州及袁州等地，将张献忠所封的官吏全部杀死。

崇祯十七年（1644）正月，张献忠放弃长沙，率领步兵、骑兵数十万人进入夔州。六月，张献忠攻陷涪州、泸州，蜀王在江南告急。张献忠夺取重庆后，瑞王整宫人员全部遇难。八月，张献忠攻下成都，蜀王也阖宫被害。张献忠自称西王，改元大顺，并且下令，大力搜捕全蜀的官吏绅士到成都，全部把这些人杀掉。接着又公开张榜考试读书人，宣布将不来赴告之人全部杀死，吓得各地文人诸生争相来赴试，张献忠却用兵把考场包围，将这些考生全都杀死，其中许多人都是手握笔策而死。蜀中的文人士大夫被斩尽杀绝后，张献忠又开始屠杀老百姓，或者将人剥皮，或者将人割去手足，或者割去少妇阴部与足然后吃掉，结果弄得全蜀境内渺无人烟。张献忠占领了两川之地后，得知清兵就要来了，而四川之内又没有人迹，没有地方可去，便从以前所掠的美女中选择数百人，白天黑夜花天酒地，行淫玩乐。对他不喜欢的妇女便蒸来吃掉，吓得这些妇女百般向他献媚，以求得活命。张献忠没过多久便因此患病，但他越是有病，越是玩乐不止，结果病死了。清兵攻进四川，张献忠的部下全部投降。也有人说，清军攻进四川后，张献忠出战迎敌，被流矢射中而死，他的尸体化为黑虎又伤害了无数人，不知哪种说法是正确的。

49. 李自成得势

李闯王自从崇祯十六年（1643）五月与袁时中合并之后，在荆襄一带大造战船，策划在荆州自立为王。为此，李自成派亲信大帅二十九人分别把守各处郡县要害，任命刘宗敏为步兵总领，白旺为骑兵总领。李闯王进兵行军，即使他的左右也不知道他欲往何处。并且闯王行军不带粮米，到达一地便劫粮而食，吃饱便丢弃其他多余的，实在没有粮便吃人。兵将中一些人都携带美女作为妻妾奴婢，只供享乐，生下小孩便丢弃。李自成手下的一百万大军，对李自成唯命是从，行起军来如风云席卷。如果遇到大河，则把土堵塞上流来渡河。李自成抓来十五岁以上的男子，便收为养子。每到有重大谋划之事时，便把这些人召集到一起商议，李自成听他们发表意见，却不评价谁对谁错，但却暗里使用那些有本领的人。李自成攻城，对那些望风而降的人一概不杀，对坚守一两天的人杀死十分之三四，对坚守五六天的人，则必然杀死。因而，李自成也杀人数万，并将尸体堆积起来焚烧，称为"打亮"。

此时，农民军起义已经十多年了，从北京向南，南京向北，纵横数千里之间，白骨满地，人烟断绝，行人稀少。崇祯皇帝召保定巡抚徐标入京进见，徐标说："臣从江淮而来。数千里地内荡然一空，即使有城池，也仅存四周围墙，一眼望去杂草丛生，听不见鸡鸣狗叫，看不见一个耕田种地之人，像这样陛下将怎么能治天下呢？"崇祯听后，潸然泪下，叹息不止。于是，为了祭祀难民，祭典阵亡将士和被杀的各位亲王，崇祯便在宫中大作佛事来祈求天下太平，并下诏治罪自己。催促督师孙传庭赶快围剿农民军。

八月，孙传庭到达阌乡，攻克宝丰，杀死农民军封的州牧陈可新，进入唐县，将农民军的家属全部诛杀。孙传庭又收复郏县，李自成曾率军抵抗，结果失败。此时，孙传庭的前锋已将左金王、革里眼的旧部全部收降，这些人都立志要杀死李自成，而高杰所统帅的诸将对农民军的内部情况知道得十分详细。李自成派遣他的弟弟一支虎李过来抵抗，结果三战三负，不得已李自成奔赴襄阳。官军不断进逼，李自成累累败退，无奈只好挑土筑墙坚守城池，然而不久城中断食，人们面有饥色。李自成策划往何处去，牛金星请求先取河北，然后直捣京师，杨承裕则主张先占据河南，只有顾君恩说："不对，不对。如果先占据河南，则势居下流，难以成大事，这个计策失之太缓。而直捣京师，万一不能取胜，便没有退兵之路，这个计策失之太急。如果先取关中，那里是元帅您的故乡，秦邦百里山河，足以建国立业。然后再向旁谋略三边，借助其兵力，攻取山西，最后进攻京城，这样进退有余，才是万全之策。"李自成依从了他的计划。

正当李自成要进取关中时，赶上大雨连旬，孙传庭的军队缺乏粮饷，在汝州哗变。农民军降将李际遇私下里与闯王相通，李闯王率领各路骑兵赶到，官军与闯王部队展开激战，官军陷入农民军的埋伏之中，被打得大败，孙传庭与高杰败走河北。李自成得胜后带兵奔赴潼关，孙传庭亦整兵向潼关进发，官军人数仍有四万之多。一支虎李过攻陷阌乡后，迅速转向潼关，夺下督师军中大旗，农民军把大旗给守关者看，乘机闯入潼关，将官军打得大败而溃。农民军入关后向西行进，一支虎攻陷华阴，孙传庭只好后退，屯兵渭南。

这年冬十月，农民军几十万人一举攻下渭南，孙传庭战死在阵中，杨暄被活捉，他宁死不屈，因而被杀，农民军占领了渭南。李自成随后攻陷商州，商洛道台黄世清战死。接着，李自成一鼓作气拿下西安，陕西巡抚冯师孔、按察使黄炯、长安知县吴从义、指挥崔尔达、秦府长史章世炯等人都死于该战。李自成占据了秦王府,活捉秦王,又分封授权诸将军之职。秦王府粮食充足,富甲天下,拥有资产数百万,全部为农民军所有。农民军分兵攻打其他各县,迅速攻下并占领了这些地方。李自成把西安府改为长安,夺掠当地有钱有势的大户人家的财产,以此作为军饷。十一月,李自成攻取延安,又拿下凤翔。总兵高杰率兵逃奔山西。高杰也即翻山鹞,后来率兵进入江南。李自成夺取榆林,明兵备副使都任、总兵尤世威及他手下各将,一城男女老幼都被杀死。紧接着,农民军又直捣宁夏,宁夏投降。农民军于是又攻陷庆阳,活捉韩王,并杀死抵抗者。之后农民军迅速拿下平阳,杀死河西王等数百人,山西其他各县见到这种情况,都望风投降,款待并归附农民军。农民军派遣牌使到山西各地下书,其书措辞多是反对明朝的用语。

明崇祯十七年(1644),清世祖章皇帝福临登基,改元顺治元年。这年的正月,李自成在西安称王,建立"大顺"国,改元永昌。农民军出兵进攻河东、河津,一路攻陷所有城镇,大获全胜。李自成派使给明朝兵部下书约战,说将于三月十五日攻进北京。崇祯由于担忧农民军就要攻进北京,颠覆明朝,所以悲叹不止。大学士李建泰说:"皇上如此担忧,臣下哪敢不尽心竭力。臣下愿意用家财来辅助军队,带兵西行,剿杀贼军,建功立业。"崇祯听了非常高兴,说:"爱卿如果出征,朕当仿效古人推轮礼而行。"于是命令大学士李建泰出师。崇祯用公牛为牺牲祭告祖庙,授予李建泰尚方宝剑,并且亲自驾临正阳门,设宴作乐为李建泰送行,他亲自举杯为李建泰劝酒,并说:"先生此次去，如同朕御驾亲征一样。"李建泰叩谢皇帝，随后起行，崇祯皇帝目送他很远。这天，正赶上刮大风，黄沙飞满天空，根据占卦说，这种天气不宜出师。果然李建泰走出没有多远，大风将旗杆刮折，识天相的人都为此十分担忧。李建泰出师后，听说山西烽火甚急，他的家也已经被农民军所破，因而进退两难，只得奔赴涿州，到那儿没多久便被农民军活捉。

50. 官军溃败

二月初一，崇祯皇帝像平常一样上朝，忽然收一封伪书，打开来一看，里面的词语十分荒谬，该书最后说："限定于三月十五到顺天府会同馆来缴印投降。"一时间朝内大臣都相顾失色，下朝后也不敢再问此事。

这时李自成的部队已攻到太原，太原没有重兵把守，巡按蔡懋德派出骁勇战将朱勇、朱孔训出战，结果朱孔训被大炮所伤，而朱勇则于乱战中阵亡，全军覆没。李自成派人到远近传檄，有的上面写道："皇帝并非十分的昏暗，但是却被孤立，而且经常被蒙蔽。朝廷诸臣结党营私，甚至行贿勾通官府，真正尽忠公正之人绝少。朝廷的威福日益转移，转入外戚官宦之手，老百姓的血汗脂膏都已被他们榨干枯竭。"又有的上面说："公侯都是一些吃喝玩乐的纨绔，但皇帝却以他们为腹心；官宦都是一些食粮的猪狗，但皇帝却借他们为耳目。监狱中囚徒累累，读书人没有报国之心；各种苛捐杂税重重，平民百姓都有拼死而战的深仇大恨。"人们读后大多为其中之言所震动。蔡懋德明白自己根本无法抵抗农民军，因而写下遗表，命令监纪贾士璋悄悄寻路奏报京师。农民军攻下太原，抓获晋王。巡抚蔡懋德、中军盛应时等人都战死。没过多久，李自成的部队便到达正定，知府邱茂华投降，农民军派了一些骑兵进城没收库藏钱财和户籍。这时，农民军距离京师只有三百里了，但却没有人报告朝廷。

　　吏部都给事中吴麟征请求放弃山海关，把吴三桂调来保卫京师，但群臣却都认为弃地不是良策，不同意。李自成大兵逼临宁武关，总兵周遇吉竭尽全力拒守，用大炮杀死农民军万余人。但是他的火药用尽，也有说是因为农民军势力太盛，所以周遇吉大声说："奋战三天，杀死敌人数万人，我们还有什么可怕的？如果能取胜，那么我们全军都是忠义之士，万一不能获胜，把我绑起来交给敌人，你们可以保全性命。"说完便打开城门出击，周遇吉军穿着与农民军相同的衣服，举的旗帜也与农民军一样，但他们自己却作了记号，这样弄得农民军分辨不出敌我，阵脚大乱，结果又被杀死了数千人。有的农民军士兵吓得想要退却，忽然有人出了一个计策说："我们人多，敌人数少，请大家脱下帽子来识别，见戴帽的人便杀，这样就可以将敌歼灭了。"于是农民军又重新来战，全都脱帽作为识别标志，结果打得明军大败。周遇吉全家自焚，他本人手挥短刀奋力拼斗，眼见马上要被活捉，便大骂而死了。农民军顺利地拿下了宁武关。李自成也很佩服周遇吉，他叹息说："如果所有守臣都像周将军这样，我怎么能杀到此地呢？"李自成接着又攻下大同，杀死代王，总兵朱三乐、巡抚卫景瑗等人都卫城而死。

崇祯皇帝见农民军日益迫近，便把群臣召来询问战守之策，群臣此时却没有一个人说话。崇祯叹息道："并非朕是亡国之君，实在你们这些大臣都是亡国之臣啊！"于是拂袖而起。正在此时钦天监奏禀说，天上帝星下移。

李自成攻下保定，御史金毓峒及其妻子王氏与他们的从子金振孙等人都被杀死。农民军抓获督师李建泰。这样，李自成便得以长驱直入宣府，监视太监杜勋与他的部下向李自成投降。巡抚朱之冯独自巡城，看见城上有炮，便命令众人点燃，部下不应，朱之冯便自己亲自点火，兵民却都拉着他的手不让他点，朱之冯无奈夺下士卒的刀自刎而死。于是宣府军民全部投降农民军。

51. 京都保卫战

这时，朝廷内库不肯发放饷银，必须从户部取银。户部之银很快便用完了，只好征召功勋亲戚官宦出钱助饷。崇祯派遣太监徐高面谕嘉定伯周奎带头响应。周奎推说没有，但迫不得已奉捐万金。太监王之心家中最富，接到皇上面谕，也仅拿出万金。其余官宦功臣奉捐多寡不一。只有太康伯张国纪捐出两万金。后来农民军拷问王之心，追出现银十五万两，其他金银器玩也有不少。在周奎家抄出现银五十二万两，珍币也有数十万。

农民军的威胁日益迫近，有人劝皇帝南迁，崇祯大怒说："你们这些人平日一门心思经营自己的小家，今天让你们死守，有什么可多说的？"于是将部队分布在各个都门，设置大炮，发给九个城门的守卫者每人一百钱，征召以前的太监曹化淳守城。

据说，当农民军日益逼近北京时，南京太祖皇帝的孝陵夜间曾发出哭声。

不久，农民军从柳沟出发直抵居庸关，派他们所授权的将军送檄书到京师，上面说："十八日到幽州会同馆暂时居扎。"京师为此大为震惊，崇祯皇帝下诏令三大营屯兵齐化门外。农民军攻陷昌平，总兵燕守铄大骂农民军，不屈而死。农民军在昌平焚烧了明十二陵的享殿。这个消息传到京师，崇祯这才同意原来吴麟征的奏疏，飞马传檄给吴三桂，让他入关救援，然而这时已经来不及了。农民军骑兵飞马过昌平，太监高起潜丢弃关卡逃往西山。农民军分出部分兵力夺取通州粮库。

三月十六日，崇祯皇帝临朝御殿，召考所选的诸下臣入对，询问裕饷安人的对策。滋阳知县黄国琦的回答令皇帝满意，便授予他给事中之职。其余之人仍在轮流对答，然而还没有答到一半，便有密封传入，崇祯看后脸色大变，立即起身入内。诸臣站在那里等候片刻，崇祯才派人传命他们全部退下，这才知道原来昌平失守了。当天夜里，农民军进犯平则门，整夜焚烧，火光映红天空。京师内外的大小城墙共有十五万四千多尺长，而此时登墙守城的士兵却只有少得可怜的五六万人，况且他们又没有炊具，只有到街市上买饭来吃，但是军饷却又很久不发，每人仅给几百钱，根本无法充饥，因而这些部队也慢慢解体。农民军派出一些人装扮成大商贾，运载着金钱，排列在都门边，又派人带着重金装成衙门的官吏，专门打探内部消息，结果对内部的消息了解得又详细又全面。三月十七日早晨，崇祯皇帝临朝，面对诸臣哭泣。没过一会儿听说农民军大部队已到京师，刚刚才报告说过了卢沟桥，不一会儿就攻下了平则门和彰义门。城外的三大营全部溃散投降了农民军，守城的火车、巨炮都归为农尽军所有。农民军调转炮口攻城，轰响之声震天动地。诸大臣此时都陪着皇帝。襄城伯李国桢单人独骑飞奔到殿下，汗水沾衣，内臣将他呵斥住，李国桢说："现在是什么时候了，君臣只求立即相见，不能多耽误。"崇祯将李国桢召入，李国桢向皇上奏报说，守城之兵都不听命令，刚用鞭子把一人抽打起来，另一人便又爬下了。崇祯因而下命让内侍全部出去守城，一共也凑了千余人，崇祯搜刮内外库存二十万金犒赏军队。这一天，老百姓中也有痛哭着拿出金钱劳军的，对这些人，崇祯每人都授给锦衣卫千户的职位。

52. 崇祯自缢

三月十八日，农民军攻城更紧，炮声不绝，天上的飞箭流矢如同下雨一样密集，农民军将士抬头对守城的明兵说："快开城门，否则便杀尽你们。"守城者害怕，便把大炮不装铅子，空着向城外发射，并且仍然向农民军挥手示意，等农民军稍退后才发，所以只有硝烟满天，却丝毫没有杀伤力。

李自成面对彰义门设下座位，并让晋王、代王在他左右席地而坐，已经投降了的太监杜勋等人在下面服侍。杜勋对城上人说："不要射箭，我是杜勋，可以用绳子从城上放下一个人来对话。"守城人则说："我们留下一个人为人质，请公公上来说话。"杜勋回答说:"我一个小小杜勋死了无所谓,要人质干什么?"于是提督太监王承恩把杜勋用绳子拉上城墙,杜勋进入大内后,夸张地说:"农民军兵多势众,皇上应该尽早做好打算。"守皇陵的太监申芝秀在昌平投降了农民军,这时亦被拉上了城,入内见到皇上,详细述说了农民军犯上不道之语,请求皇帝逊位。崇祯大怒呵斥住他,诸内臣请求留下杜勋,杜勋说:"农民军有代、晋二王为人质,我若不返回,二王的性命便保不住了。"无奈,只有将杜勋放出,仍用绳子放下城墙。杜勋对守城的内监王则尧等人说:"我们这些太监的富贵全靠自己了。"当初误传杜勋已经殉难,赠他为司礼太监,在锦衣卫立祠,到此时方知道他已经投降了农民军了。

崇祯皇帝一急之下下诏要亲征,召来驸马革永固,策划派家丁保护太子南行,革永固回答说:"臣等怎么敢私自蓄养家丁呢?即使有,又怎么打得过贼兵呢?"于是计划落空。这天下午四点左右,彰义门开启,原来守城太监曹化淳也已投降了农民军开门献城。李自成率领大队人马迅速入城,沿途杀掠,大学士蒋德璟此时住在会馆,因而被创。崇祯皇帝听说后立即召内阁大臣入内,说:"你们知道京城已被攻破了吗?",众人说:"不知道。"崇祯说:"事情紧急了,现在你们有什么良策?"众人都回答说:"陛下有福之人,不用多顾虑。如果一旦失利,我们宁可巷战,也誓不负国。"崇祯便命他们退下。当天夜晚,崇祯忧虑难以入睡。天还没亮,内城便被攻陷了,一个太监急忙跑进来报告,崇祯忙问:"大营兵在哪儿?李国桢在哪儿?"回答说:

"大营之兵已经散了，皇上最好也赶快走吧。"说完这个太监也立即跑了，崇祯召唤也不回来。

崇祯立即同太监王承恩等人出巡南宫，登上万岁山，向下一看，全城烽火烛天，他们在这里徘徊了大约一个时辰。接着，崇祯返回乾清宫，用红笔书谕内阁大臣："成国公朱纯臣提督内外各类军事，你们辅助他立为东宫太子。"并命内臣把朱书送入内阁。随后，崇祯皇帝又命令进酒，他连灌数觥后叹息说："苦了我的百姓了！"

崇祯又把太子、永王、定王分别送给外戚周、田二家，然后对皇后说："大事已去了。"说完众人都放声大哭，宫人也在周围哭泣，崇祯挥手让她们退下，命令她们各自逃命去。皇后叩头说："妾服侍陛下十八年了，当初不听一句话，致使有今天这样的结局。"她用手抚摸着太子、二王痛哭不止，崇祯只好将她遣出，后来皇后便自杀了。崇祯又把公主召来，公主此时年仅十五岁，崇祯望着她叹息说："你为何生在我家呀？"便狠心用左袖掩面，用右手挥刀将公主的左臂砍断，公主当时未死，而崇祯也颤抖着再也下不去手了。崇祯又命令袁贵妃自杀，在袁贵妃几乎要活过来时，崇祯拔剑向她的肩部砍下，接着他又亲手杀死了他所宠幸的几个嫔妃。随后，崇祯把王承恩召来对饮，过了一会儿换上靴子出了中南门，手中拿着三眼枪，夹杂在数十个内监之中骑马、持斧出了东门。

守城的内监，怀疑发生了内变，结果向崇祯等几十名内监发射箭石。此时成国公朱纯臣正守卫齐化门，因而崇祯便奔成国公府第而来,谁知府中连守门的人都跑光了,崇祯叹息着离去。转而又来到安定门,可是城门坚固无法开启,天也渐渐亮了。

三月十九日鸡叫之时,崇祯御临前殿鸣钟召集百官,然而却没有一个人来,于是崇祯仍回到南宫。最后,崇祯皇帝登上万岁山的寿皇亭自杀了。寿皇亭是刚刚建成的,是皇帝观阅内操之处。太监王承恩也对着皇帝上吊而死。崇祯上吊时披散着头发,身着蓝衣,光着左脚,右脚上穿着朱红履,衣服前面写着:"自从朕登基到现在的十七年间,逆贼逼近京师,虽然朕薄德匪躬,惹得上天愤怒,然而也都是因为诸臣误了我啊。朕死无面目去见地下的列祖列宗,所以将皇冠摘去,用头发遮住脸面,任凭贼人将我分尸,不要伤害一个百姓。"又有一行书写到:"文武百官全都到东宫行在去。"原来崇祯还以为内阁诸臣已经见到了他所写的朱书,却不知道实际上内侍将朱书送入内阁时,阁臣们早已经四散逃命,内侍放在桌子上便走了,因而文武群臣并没有一个人知道此书。

当初,大内中有一间密室,看管得十分严密,相传其中有刘诚意所藏的秘记在内,说没有重大变故不能开启。到此时,事情紧急,众人启开来,得到绘图三轴,最末一轴图像酷似崇祯皇帝之容,身穿白背心,光着左脚,披着头发悬在空中,于现今情况没有任何差异,这实在是天数如此啊。

53. 闯王进京

三月十九日这一天,天气异常,一会儿晴朗,一会儿下雨,一会儿又下起小雪,京城已被攻陷,农民军骑着马堵塞街巷,不断放箭,命街上人赶快归家,闭门者得免一死。于是老百姓全都在门上写上顺民,闭门不出。农民军路经象房桥,一群大象哀鸣不断,泪如雨下。太子跑到周奎府弟,周奎还睡卧没起,太子叩门却没人应,没办法太子只好藏在内宫外舍。当初,崇祯皇帝出走南宫时,曾派人去懿安张皇后的住所,劝皇后自裁,但由于仓促没能传达到。此时宫中已经大乱,懿安皇后用青衣蒙住头,徒步跑到成国公府中。尚衣监太监何新进入宫中,看见长公主断了左臂仆卧在地,于是与宫人把公主救醒,抬出宫去。没过多久,农民军便杀入宫内,宫人魏氏大声喊道:"贼人入了大内,我们必然遭到奸污,有志之人应该早下决心。"说完便跳入护城河自杀,顷刻之间跟随她死的有一二百人。

李自成头戴毡笠,身穿淡青色衣装,乘着乌驳马,先派人清宫,接着便进入宫内,询问皇帝在何处,并大加搜索仍然找不到。于是便下令有献皇帝的人赏给万金,并封伯爵,如有藏匿皇帝之人,要诛杀九族。第二天中午时分,农民军才得知崇祯皇帝已经在煤山自杀了,李自成下令用双门板把皇帝、皇后的尸体抬到东华门侧,用柳棺装敛,上面用蓬草覆盖,没有一个人敢去哭祭。农民军分夺宫嫔,有一个宫人费氏,年仅十六岁,投井自杀,却被农民军士兵用钩子钩出,见她有些姿容,便争着相夺。费氏骗这些人说:"我是大明长公主,你们如有无礼行为,我必定要告诉李自成。"农民军带她见李自成,李自成命令内官审问,结果发现她不是长公主,于是便将她赏给了一个姓罗的部将。费氏又欺骗说:"我确实是天演的后代,在危难中与将军苟合,希望将军能选择吉日,以成大礼。"罗将军惊喜万分,饮酒尽欢,费氏却身揣利刃,等到将军喝醉了,便割断了他的喉咙,接着自刎而死。李自成大惊,命令将二人收葬。有内臣抓来太子献给李自成,李自成封他为宋王,太子不屈从。

清康熙十年(1671),康熙皇帝下令改葬崇祯帝后,用樟棺两副重新装敛,用丹漆涂崇祯皇帝之棺,用黑漆涂皇后之棺。并为崇祯加戴皇冠,穿上充玉渗金靴,皇后也如此。大明朝灭亡了,共有十六位皇帝,统治天下二百七十七年。

54. 忠臣殉国

诸臣惊闻这一变故,大学士范景文及其妻妾,户部尚书倪元路与他的一家十三口人,左都御史李邦华,副都御史施邦曜,大理寺卿凌义渠,兵部右侍郎王家彦,刑部右侍郎孟兆祥与其妻何氏、儿子孟章明、儿媳王氏,左谕德马世奇并其妾朱氏、李氏,左中允刘理顺并其妻万氏、妾李氏及儿子、奴仆婢女满门共十八人,太常少卿吴麟征,左庶子周凤翔与他的两个妾,检讨汪伟与他的妻子耿氏,户部给事中吴甘来,御史王章,御史陈良漠与其妾时氏,御史陈纯德、赵譔,太仆寺丞申佳允,吏部员外许直,兵部郎中成德与其母张氏、妻张氏及儿子,兵部员外金铉并其母章氏、妾王氏及其弟金鋐,光禄寺署丞于腾蛟与他的妻子,新乐侯刘文炳与他的祖母和弟弟,左都督文耀及其妹与全家子孙男女共十六人,驸马革永固与安乐公主及他们的五个子女,惠安伯张庆臻与他全家满门男女，宣城伯卫时春与他的全家，锦衣卫都指挥王国兴，锦衣卫指挥同知李若珪，锦衣卫千户高文采与他一家十七口人，顺天府知事陈贞达，副兵马司姚成，中书舍人宋天显、腾之所、阮文贵，经历张应选，阳和卫经历毛维、张儒士、张世禧及他的三个儿子，百户王某（姓名已失），顺天府学教官五人，都已失了姓名，长州生员许琰都被杀害或战死或自杀。在这些人中，只有孟兆祥守卫正阳门，战死于门下；王章、赵谋因骂敌而被杀；范景文、申佳允、刘文炳、卫时春跳井自杀；仝兹、滕之所、阮文贵、张应选投护城河死；施邦曜服毒药而死；凌义渠被掐死；革永固与安乐公主、张庆臻自焚而死；其余之人都是上吊而死的。

襄城伯李国桢听说农民军将皇帝和皇后的梓宫抬到东华门外设厂，文武百官经过那里，没有人敢进去看一看，李国桢用泥涂脸去掉头帻，踉踉跄跄奔到东华门外，跪倒在梓宫前大哭不止。农民军捉拿了李国桢，带他去见李自成，李自成好言相劝李国桢投降。李国桢则说："你要依从我三件事，我便投降。第一件事是明代历朝祖宗的陵寝不可以掘；第二件事是必须以天子之礼厚葬崇祯皇帝；第三件事不能伤害太子和二王。"李自成全部答应了这三件事，叫人把李国桢扶出。于是，农民军以天子之礼把愍帝葬于田贵妃之墓，只有李国桢一人穿着未缝底边的丧服徒步前往送葬，等到丧事做完，李国桢哭着作了几首哀悼的诗章，接着便在帝后的陵寝前自缢而死。布衣平民汤文琼看见愍帝梓宫经过，恸哭着一头撞在大石头上死去。

农民军占领京城之后，一时间明朝的诸臣百官有许多自杀尽节，如果稍微不刚烈，则被农民军抓到朝中，施以极刑，让他交出重金，如果所交出的金钱不能令人满意，便仍要受刑，受刑熬不住，便也自杀而死。农民军士兵充满大街小巷，有些人恣意奸淫夺掠，但是对那些殉难了的大臣之家，农民军则不敢骚扰。城中所关押的罪犯囚徒，全部被释放，京师中为此议论纷纷。早就有官吏百姓劝李自成做皇帝，有一份劝进表上说李自成："比尧舜而多武功，迈汤武而无惭德。"这些字句实是出自有才华的读书人之手，一时间相传甚远，却为士林所耻笑。李自成果然称了帝，在武英殿即皇帝位，建国号大顺，改元永昌。但是，每当李自成坐上御座时，便感到头晕目眩，恍惚看见有数丈高的穿白衣之人站在面前。李自成命人铸造永昌钱，但却字不成文，又命人铸造九鼎也未铸成。李自成还对明朝的制度任意更改，有远见的人早已看出他的皇帝做不了多久。大清皇帝听说了这些变故，立即起兵前来救援，在山海关大败农民军，接着便攻克了京师，李自成带兵向西逃走。十月初一，清皇帝福临定鼎燕京。

55. 东征朝鲜

大清王朝自太祖努尔哈赤开创基业以来，国势极为强盛，后来太祖于天命十一年（1626）八月晏驾，将皇位传给太子皇太极，皇太极成为清太宗，改元为天聪。太宗继位后仍然遵循太祖的遗志，把八旗部队训练得十分精练能干，随时候命出发。不到半年，正好赶上朝鲜人韩润、郑梅得罪了国王，逃进了满洲，自愿为清兵充当向导。于是太宗便命令二贝勒阿敏[1]为征韩大元帅，整齐兵马，出师讨伐朝鲜，这些满族兵一进入朝鲜，便势如破竹，先攻陷了义州，接着又拿下定州，随后占据汉山城，杀得朝鲜兵丢魂丧胆。朝鲜国王李倧从来都是依靠着明朝的势力，没有训兵做过准备，此时见满族兵已经长驱直入打到了国都，早已吓得不知所措。忽然有一个大臣来奏报说："请国王一面派使臣求和，一面迅速奔赴江华岛暂时躲避。"李倧听了这句话，连忙召集他的嫔妃们逃走，同时又命大臣修好国书一封，派使去求和。朝鲜使臣来到满洲大营，被阿敏大声痛斥了一顿，不答应他们的求和，仍然命令部队前进。眼看着离朝鲜国越来越近了，忽然又接到报告说朝鲜国王派遣他的族弟李觉求见。

阿敏将李觉召入，李觉献上了一张礼单，上面开有战马百匹，虎豹兽皮百张，还有棉、绸、苎布四百匹，布一万五千匹，阿敏看后不觉喜动眉梢，命令军士将礼物查收。随后阿敏派遣副将刘兴祚与李觉一同前往，并嘱咐刘兴作说："如果要议和，也要等待我杀入国都后。"刘兴祚等人告辞出帐。在帐外，贝勒济尔哈朗[2]留住刘兴祚，又与他秘密商谈很长时间，刘兴祚心领神会，便随同李觉一同前往江华岛去了。阿敏自从刘兴祚走后，仍

---

[1]阿敏，清大臣，满族，爱新觉罗氏，努尔哈赤之侄。

[2]济尔哈朗（1589—1655），满族，爱新觉罗氏，努尔哈赤之侄。初封贝勒，后为亲王。

然命令手下兵士攻城。

这一天,阿敏正亲自督兵攻城,正好赶上刘兴祚回来,刘兴祚对济尔哈朗说明,朝鲜已经承认他们的献礼,现在让他带领李觉前来订约。济尔哈朗说道:"这样就可以订盟约了。"刘兴祚说:"应当先禀报了元帅再说。"济尔哈朗却说:"不必了。"刘兴祚说道:"如果元帅怪罪下来,怎么办呢?"济尔哈朗说:"有我你不必怕。"于是便把李觉召入,并与他签订了草约。随后方入内进见阿敏,并且说和约已经签订了。阿敏大怒说:"我是元帅,签约之事为什么不先向我禀报?"济尔哈朗说:"朝鲜人已经愿意纳贡,何苦还要劳兵伤财呢?"阿敏说:"我不答应朝鲜人的求和。"济尔哈朗却笑而不答。

正在此时,忽然有人报道:"圣旨到,请元帅接旨。"阿敏急忙命令手下排列香案,率领军中大小官员出帐跪接圣旨。差官宣读圣旨,其中说:"朝鲜有意求和,应当与其签订和约。和约签订后立即班师,不得再骚扰朝鲜。"阿敏无可奈何,只好起身接圣旨。接着,在给差官饯行之后,把盟约签署完毕。阿敏心中暗暗怨恨济尔哈朗,料想此事一定是他暗中密报皇帝的。阿敏为了保名誉,又想捞财物,只好派亲信军队暗地里四处掳掠,又夺得无数女子玉帛,这才满载而归。李觉随同满洲部队一同入朝。

满洲主子清太宗皇太极出城犒劳部队,与元帅阿敏行抱见礼。赐给阿敏御衣一袭,诸贝勒都受赐骏马一匹,李觉随即进来叩见清太宗,太宗命他起来赐坐,赏给他蟒衣一件。接着,清太宗命令大开筵宴,封赏有功的各位官员。过了一些日子,李觉便回国去了。

56. 袁崇焕督师

清太宗征服朝鲜之后，便一意想要进攻明朝，于是他传下命令御驾亲征。他命令贝勒杜度阿巴泰留守，自己率领八旗精兵，由德格类、济尔哈朗、阿济格、岳托、萨哈廉、豪格等人作为前锋部队攻城，诸将携带着云梯、盾牌，并用骆驼运载着辎重，作为后备部队，前呼后拥，渡过了辽河，向大、小凌河进发。

这时，辽东经略王之臣与袁崇焕不和，明朝廷把王之臣召还，让袁崇焕一人统领关内外各路军马。袁崇焕听说满洲兵又来侵犯边界，急忙命令赵率教率领部队前去支援。赵率教带兵到了锦州，便有探马报告说："大凌河已经被满洲兵攻陷。"赵率教便命令军士们挖战壕、掘沟堑，多运箭矢和石头放在城上，接着又派人向宁远告急。

第二天，忽然城下来了大约一两千的明兵，在城下大叫开门，赵率教上城探视，并询问来人："你们从何而来？"城下之兵回答说："我们是从大凌河逃回来的。"赵率教见他们一个个并无兵败逃脱的狼狈之形，便大声呵斥说："朝廷养兵千日，为的是用在一时，难道是叫你们临阵逃走的吗？"说完，城下的兵士仍然喧哗不止，赵率教便命令军士放箭，射倒一个士兵之后，赵率教又大声说道："你们要是再这样喧闹，叫你们个个如此。"没想到城下的兵竟然一哄而散。原来这些兵中间有一半人是被满洲兵抓住充当内奸的，有一部分则是满洲兵伪扮的，想要来诱骗锦州城守军,幸亏被赵率教识破了他们的诡计,不然一定会中计。

赵率教下了城楼回到府中,心道:满洲人的诡计虽然被识破,明天必定要猛攻,这里的守兵少,而救援之兵又不来,如果失掉了城池,该如何是好?想了很久,突然有一个念头使他猛醒说:"有了。"当即命令亲兵请钦差大臣纪用前来商议。纪用本来是一个太监,因为巴结权贵才得了这个锦州的差使。没有多一会儿,纪用来到,两人叙完寒暄,赵率教便把清兵犯界,现在这里缺少守兵,救兵未到,倘若有差失,难免被朝廷见罪的想法跟他说了,并说特请钦差大臣前来商议。纪用却说:"此事全仗经略调停。"赵率教一面派兵坚守城池,一面派人请求袁崇焕发兵援救。

清太宗派兵来骗锦州城,被赵率教识破,心中大为气愤,便命萨哈廉、瓦克达等人带兵前往锦州,尽全力攻城。赵率教力不能支,只得弃城,向明京师逃走,锦州便陷落了。第二天,清太宗命令阿济格、岳托等人进攻宁远。驻扎在宁远的督军袁崇焕,听说锦州失守后,知道满兵必然要来进攻宁远,便命令兵士在城四周设下埋伏。等到清兵一到,四下伏兵一齐进发,将阿济格等人紧紧围困。阿济格见明军有所准备,急忙命令撤退,幸亏得到萨哈廉、瓦克达等人的援救,才从重围中逃出。清太宗见阿济格受伤,只得另外命令部将瓦克达率领精兵来接应萨哈廉,又命令军士逐渐向后退却。袁崇焕由于被萨哈廉和瓦克达二人牵制,不能追赶。清太宗退军数里后,查点兵士伤亡,见损伤不少,萨哈廉、瓦克达二人也未归，过了很长时间，才见两人身负重伤，狼狈逃回。清太宗咬牙切齿地说："这个袁蛮子真是厉害，皇父在的时候怪不得经常吃他的亏。此人如果不除掉，怎么能够夺得大明朝的江山？"于是便命令济尔哈朗断后，把大军逐渐移至锦州。袁崇焕听说满兵退兵而去，也就收兵不再追赶。接着，清太宗整顿队伍，一队一队退回沈阳去了。

袁崇焕击退了满军后，派人向朝廷告捷，本指望明朝皇帝能降旨给他论功，不料朝廷圣旨下来，不但没有奖赏他的功劳，反而责备他不救锦州之罪。袁崇焕接到圣旨后十分气愤，于是上表乞求告老还乡，朝廷下旨准奏，仍然命令王之臣代替他经略辽东。大清太宗皇帝听到这一消息，高兴得举手称庆，拟定第二年再发兵攻明。不料正在此时，明熹宗皇帝驾崩，皇五弟信王继承了皇位，崇祯继位后先诛杀了魏忠贤及其阉党。到了崇祯元年四月，探马来报说袁崇焕又被重新启用督师蓟辽了。清太宗跺着脚说道："我刚想发兵攻打明朝，怎么就又使用了这个袁崇焕呢？"原来袁崇焕的免官，都是因为魏忠贤暗中反对他，到崇祯皇帝登了基，杀掉了魏忠贤等奸贼，便又重新召用了袁崇焕。袁崇焕见崇祯皇帝时，皇帝首先问他经治辽东的方略，他奏称说："假如给臣以不须请示就能灵活处置的权力，五年之内我便可以收复全辽。"当时，给事中许誉卿曾说袁崇焕是言过其实。

57. 清兵入关

到崇祯二年，也就是满洲清太宗天聪三年，太宗因为久坐无聊,便时常外出打猎,校阅军队来消遣。有一天,太宗出猎刚回来,便有亲信来报说:"明朝有两个人来我国投降。"太宗听说后,立即命人把这两个人带来召见。二人见了清太宗后,伏倒在地,放声大哭,太宗问他们出了什么事,其中一人奏报说:"我姓孔名叫有德[1],他姓耿叫仲明[2],我们二人都是东江总兵毛文龙的部将。因为袁崇焕督师蓟辽,无缘无故将我们的主帅毛文龙杀死,我们恳求大皇帝发兵攻明,我们愿意为您做向导。"

原来,毛文龙曾盘踞东江,因为他素性倔强,袁崇焕怕他飞扬跋扈,难以控制,便借着阅兵为名,把毛文龙给杀了。孔有德、耿仲明二人想替主将报仇,便逃向了满洲,为虎作伥。清太宗说:"但山海关外,由袁崇焕把守,不容易进取,你们是否有什么良策?"二人想了很久说:"山海关内外不容易得手,为什么不绕道西北,从龙井关攻入呢?"太宗问道:"龙井关在什么地方?"孔有德说:"在明都城的东北长城口。由此到那儿去,经过蒙古,便可以沿着长城走,然后入关。一入龙井关,便可以分兵向洪山、大安二口直入,捣毁遵化。遵化一旦被攻下,明朝京师便动摇了。"太宗听后非常高兴说:"你们愿意做向导

---

[1]孔有德(?—1652),辽东人,明末叛将,清初藩王。

[2]耿仲明(1604—1649),字云台,辽东人,明末降清,后受封为怀顺王,靖南王。

吗？"二人说："愿意。"皇弟多尔衮[1]这时在一旁问道："你们二人来满洲时，是不是曾被明守兵察觉？"二人一齐说："不但明守兵未知，就连袁崇焕也还蒙在鼓里呢。"多尔衮说："要是这样的话，你们速回登州？"太宗说："我要攻打明朝，让他二人作向导，你为何让他们回登州？"多尔衮说："这次攻明，不是一两个月就能完成的事，如果被袁崇焕发觉了，从登莱调来水师杀入我国，我们不是顾此失彼了吗？"太宗说："叫他们回去好是好，但是却没有人带我们去龙井关了。"多尔衮说："蒙古的喀尔沁部已经归顺我国，我军到达蒙古后，选择一个熟悉这条路的人作向导，不就可以入龙井关了吗？"太宗大喜，便指着多尔衮对孔有德和耿仲明说："这是皇弟多尔衮，足智多谋，你们就依他的计策而行，仍然先回登州，秘密准备，将来立了功，不怕没有重赏。"孔、耿二人领了命令回转登州。

这年十月，清太宗亲自整饬八旗劲旅，刚要起行，听到奏报蒙古喀尔沁部派遣台吉布尔噶图入朝纳贡。太宗接见布尔噶图，并问他："你是否认识去龙井关之路？"布尔噶图说："奴才几年前曾经去过一次，大略识得这条路。"于是太宗便命令他做向导。满洲国内的文武百官，除了留下守国的外，全部随皇驾出征，旌旗满天，戈铤耀日，浩浩荡荡。没有几天，便到了蒙古

---

[1]多尔衮（1612—1650），满族，努尔哈赤第十四子。初封贝勒，后封和硕睿亲王，辅佐顺治即位。

喀尔沁部,喀尔沁亲王设宴迎接皇驾,犒劳军士。太宗到了龙井关,见关上只有几百个守兵,这些人一见满洲军队打来,都吓得逃跑了。于是,满洲军队进入龙井关,兵分两路,一路攻打大安口,由济尔哈朗、岳托为统领,率领四旗;一路进攻洪山口,由太宗亲自率四旗,两路部队连夜进发。

此时明军只一心一意守山海关,对大安、洪山两口十分轻视,因而毫无准备,只好听任满洲军队攻入。接着,满兵又连夜进攻遵化。明廷听到军情奏报,飞马传檄山海关调兵前去增援。总兵赵率教遵照檄书出兵去援救,他们星夜兼程,到达遵化东边的三屯营。向前一眼望去,全都是满洲军队,把三屯营里三层外三层团团围住,像一个铁桶一样。赵率教回头看看自己的军队,还不及满兵的四分之一,心中想自己必定不是对手,但也只有背水一战了。当下鼓励将士分成几个方队,大喊一声,竟然向黑压压的满洲大部队中冲去。满军见有人来进攻,便将其放入阵中,接着重又合围,把赵率教团团围在当中。赵率教虽然勇猛无敌,却怎奈满洲军队越杀越多,而自己的部队却越杀越少,实指望三屯营中能够出兵相救,可谁知却没有人响应。又杀了一会,眼看着日已西下,只得在重围中杀出一条血路,直奔城下,大叫"打开城门。"没想到城上却矢石乱下,赵率教大声说:"我是山海关总兵赵率教,奉朝廷圣旨前来增援遵化,请你们速开城门。"忽然听到城上守兵说:"我们主将有令,无论是敌兵,还是援兵,一律不许入城。"

赵率教到此没了去路,自己已身负重伤,再看看手下的兵士也已经伤残无几,也没有能力再战,于是便仰望天空叹息说:"天亡我啊!"接着便向北叩拜几下,拔剑自刎了。这时,满洲兵已经逼临三屯营城下,将赵率教率领的残兵杀得干干净净,随即便开始攻城。

三屯营中守将姓朱名国彦,一心打着闭关自守的主意,活活把赵率教的性命给丢了,此时自己也没了主意,只得与妻子遥向北方,叩头辞拜,然后双双上吊自尽。满洲兵得了三屯营,又向遵化前进。遵化巡抚王元雅竭尽全力固守城池。满洲兵四面围攻,守兵抵挡不住,被打得措手不及,于是遵化城被攻陷,城中大小官吏全部殉难。清太宗入了遵化城,命令兵士将殉难的明诸官吏的死尸掩埋,并大大犒赏部队。第二天,便率师向前进发,所过的州县,见满洲兵攻来都望风归附。不到一个月,满洲军队已经占领了蓟州、三河、顺义、通州等地,直逼明都北京城下。

明廷听到这一消息大为震动。幸好明朝有一著名勇将名叫满桂,见满洲兵大兵攻近,率领部队前去增援前线。路上遇到了满洲部队,满桂率军与其厮杀了半日,却未分出个高低胜负。忽然听到城上一声大炮响,弹丸四射,满洲兵才稍稍后退。不料满桂之兵也有被打伤的,满桂本人也中了一弹,幸好还不致命。清太宗收兵,就驻扎在城北的土关东首处,下令明天再继续攻城。忽然见贝勒豪格与额驸恩格德尔慌慌忙忙走来,上前禀报说:"袁崇焕现在领兵赶到了。"太宗慌忙问道:"这是真事吗?"

原来,明京师被满洲兵的节节胜利吓得魂飞胆破,连忙飞檄传书,命令各地将领率兵前来救驾,袁崇焕接旨后,先派赵率教、满桂领兵前来增援，自己随后也带着两个总兵及其部队进京。不料，赵率教战败身亡。等袁崇焕赶到北京时，其他各地勤王之兵也陆续来到，各地勤王将领入朝进见崇祯皇帝，崇祯命令袁崇焕率领援兵与满桂一同迎战满洲军兵。

清太宗见袁崇焕又来了，心中大为不乐，豪格与恩格德尔劝他说："袁崇焕又能怎样，皇帝何必吓得如此？趁他初来乍到，我们先劫了他的营垒，便可以获得大胜。"清太宗说："袁崇焕足智多谋，能没有防备吗？你们愿意劫营也可以，只是要处处留心，以防他设有伏兵，这样才可以万全。"这样，豪格便领兵出去劫营。不料明军果然有所准备，满兵遇到埋伏，被杀得大败，幸而极力抵御，才没有全军覆没。清太宗对豪格等人说："我说袁崇焕善于用兵打仗，你们不信，却如此莽撞，本应该治你们的罪，但念你们的忠心，姑且饶恕这一次。但有袁崇焕在，便阻碍我攻下大明，总要除掉他才好。"

第二天，探马来报说："明朝大营比昨天更显得强盛。"太宗说："他是想与我打持久战。他们知道我远道而来，粮草跟不上。不知诸位将官有什么高见。"诸将议论纷纷，意见不合。太宗见身旁有一名大臣只是微笑却不说话，仔细一看，是内阁大学士范文程[1]，于是便问："先生有什么妙策吗？"范文程

---

[1]范文程（1597—1666），字宪斗，号辉岳。清初大臣，历经清初四帝，备受信任。

说:"现在有一策,但是秘密不能泄露,容得臣下向皇帝当面细奏。"太宗便命左右诸将退下。范文程于是便与太宗秘密商议起来,太宗越听越笑,诸将却不知是何良策。过了一刻,范文程便出帐走了。

过了一天,便有传报到明廷,说在德胜门和永定门外遗有两封议和的书信。又过了一日,满洲兵捉住了两个明太监。又过一日,满洲军向后退了数里。又过一日,奏报明太监逃走了。再过一日,便传出了袁崇焕被投入监狱的消息。

原来,范文程的计策不过是因为袁崇焕阻碍满洲兵不能前进,便利用反间计使明廷对崇焕生疑,最后将他除去。果然,崇祯皇帝派遣太监出城访查,回去将所见所闻都加以察报。崇祯皇帝本来就因为袁崇焕擅自杀掉毛文龙而怪他独断专权,因而立即命锦衣卫把袁崇焕抓回投入大狱。明总兵祖大寿、何可纲听说主帅被无故下狱,随即便率领所属部队回山海关去了。明兵见没了主将,人心涣散。清太宗见此情形,立即命令出师进攻。结果明兵被满洲军队杀得丢盔卸甲,魂飞魄散。幸亏满桂领兵增援,满洲兵才稍稍后退。崇祯皇帝便封满桂为经略,统辖全军。满桂率军屡战满洲兵,相互之间各有胜负。

清太宗忽然又心生一计,命令满洲兵改扮成明兵,乘黑夜混入明军之中,在军中乱杀。满桂没有防备,误以为是城中的援兵,结果竟被杀死在乱军之中。满洲兵获得大胜,正要登城时,不料清太宗竟然传下命令让他们退兵,众贝勒都不知发生了什么变故,便都竭力阻谏。太宗把他的想法向诸贝勒大臣分析明白,随即便率领全军退至通州。此时是清太宗天聪四年。

随后,清军重又在通州渡河,向东攻克香河,夺陷永平。快到遵化时,忽然见有明军来拦路,开炮向满洲部队打来。太宗正要后退,却不知因为何故,明军的大炮突然爆炸,反而把自己炸死炸伤不少人。太宗趁此机会,催促兵士前进,将明朝领兵之将杀死。这位明朝领兵大将原来就是庶吉士金声保举的、出身翰苑的刘之伦。刘之伦闻听满洲兵退回的消息,料想他们必然走遵化一路,当下便约了马世龙、吴白勉两位总兵抄小路先到遵化,见满洲兵来,便出来拦截。谁知马世龙、吴白勉二人却违约没有来,只剩下刘之伦孤军一支,怎么能是满洲军兵的对手。一时间,清太宗将战败的刘之伦军的残兵扫尽,重又领兵攻陷迁安、滦州诸地,进至昌黎。这时又听说,明崇祯帝启用孙承宗代替袁崇焕把守山海关,太宗恐他带兵前来断了归路,于是便急急忙忙收兵回国。

58. 夜袭敌营

回到国都之后,留守的百官出来迎接,并且纷纷上表章向太宗祝贺。第二天,太宗临早朝,论功行赏,推举范文程功劳最大。尽管这次进攻明朝,取得了胜利,但太宗仍是闷闷不乐,众贝勒都前来问安,太宗说:"我想袁崇焕虽然已被投入大狱,但如果明廷悔悟过来,将他释放,重新使用,岂不枉费了我们一番苦心吗?"恰巧这时忽然有探马来报说:"明朝经略袁崇焕已经被凌迟处死。"太宗听了大喜道:"袁崇焕已经死了,咱们攻取明朝天下，可以毫无阻碍了。"范文程却说："袁崇焕虽死，孙承宗也是深谋远虑的人，山海关还是不易得手。"太宗便说："等到明年再图进兵之事吧。"

孙承宗到了山海关后，恐怕满洲兵来进犯边界，便检阅兵马以备抵御，可是辽东巡抚邱禾嘉与孙承宗不和，做事总是与孙承宗对着干。清太宗天聪五年（1631）八月，太宗重又带领精兵杀到了大凌河，四面合攻，并命令贝勒阿济格领兵前往锦州堵截山海关的援兵。满洲兵连战连胜，不断报捷。大凌城的守将便是祖大寿和何可纲。他们二人因为明皇帝杀死袁崇焕，早已怀恨在心，但碍于孙承宗的面子，只得坚守。

祖大寿有一个兄弟，名叫祖大弼，乘黑夜率领敢死队从城上沿绳子下城，来偷袭满军大营。此时太宗正在帐中阅览文书，见祖大弼首先冲入帐中，忙在身边拔下佩剑，将祖大弼拦住，但大弼勇猛，太宗力不能支，正在着急，幸亏众贝勒前来护驾，一齐将祖大弼击退。祖大弼乘夜回城，没有死一兵一卒，只有少数人受了点轻伤，真不愧是一员勇将。

第二天早晨，清太宗便下令猛攻大凌城，祖大寿、何可纲极力抵御，满军才稍稍后退。几天之后，满军从国内运来了红衣大炮，将大凌城城墙轰坏了多处。祖大寿等人仍然拼死坚守抵抗。直到冬天过后，大凌城中粮食已尽，加上援兵也不来，清太宗又多次用箭射招降书入城，祖大寿无奈，只好与何可纲秘密商议投降之事。何可纲不愿投降，祖大寿只好一个人缒绳下了城墙，到满洲大营内投降。何可纲听说后，立即赶来截止祖大寿，却被祖大寿一箭射倒，被满洲兵抓了去。城中人听说主将降清，顿时大乱。满洲军劝何可纲投降，何可纲不答应，结果当即被处死刑。祖大弼也不服其兄的降意，独自率领一军逃往他处。

祖大寿见了清太宗后，受到格外的礼遇。清太宗命令祖大寿仍然驻守大凌城。自从降清后，祖大寿夜里做梦，常梦见何可纲前来索命，醒了之后，心中甚觉不安，便自己忏悔了一番。第二天，太宗升帐，商议取锦州之计，祖大寿说："臣的家小现在都在锦州，锦州守将现在还不知道我已经投降，臣假装被打败了逃往锦州，然后作为内应，这样取锦州就十分容易了。"太宗依从了他的计策，于是顺利地拿下了锦州，仍然命令祖大寿留下来守城。

第二年，明朝派兵攻打登莱，孔有德派人飞书向满洲告急，太宗命令他先回归满洲。孔有德到了沈阳，见到太宗说："辽东的旅顺乃是交通要塞，现在空虚，可以派兵直接攻下。"太宗乃命令孔有德、耿仲明带兵去袭击旅顺。没过几天便传来捷报，旅顺副将尚可喜[1]归降。太宗命尚可喜仍然留守旅顺，孔有德、耿仲明二人则随从太宗班师回国。

---

[1]尚可喜（1604—1676），辽东人，清初藩王，天聪八年降后金，后封智顺王。

59. 皇太极建国

又过了一年,清太宗养得兵精粮足,便分兵四路征讨蒙古,将内蒙古各部落统一并收服。先是有察哈尔部来投降;接着额哲率领其家属部将也向满洲乞降,原来,其父林丹汗被太宗征讨,逃奔了青海,一病不起,最后身亡,额哲势单力孤,只好投降。太宗命令开城放他入城,额哲叩见完毕后,献上一颗蒙古族元朝历代的传国玉玺。太宗得了宝玺后,便焚香向天祈祷。群臣纷纷上表祝贺,并请太宗上尊后称帝,各国也纷纷遣使归降。

太宗便命令添造宫室殿陛,并让范文程监工。没有几个月,宫殿竣工。于是选择吉日,设置祭坛祭天,尊太宗为"宽温仁圣皇帝",国号为"大清",改天聪十年为崇德元年(1636)。上列代帝祖尊号,并谥努尔哈赤为"承天广运圣德神功肇纪立极仁孝武皇帝",庙号为"太祖"。随后又追封功臣,让他们陪享太庙。同时还加封贝勒、亲王及各种大臣的官爵。

60. 再征朝鲜

太宗心中仍有一丝不乐,主要是因为朝鲜使臣从中作梗,不肯按照太宗之意行事,因而违逆了太宗的心意。当即清朝廷将朝鲜使臣遣回国,并且另派差官前去传书责难。差官回来后,奏禀:"朝鲜国接到我们的国书后根本不看,而且言语上多加不逊。"太宗立即召开群臣会议,睿亲王多尔衮、豫亲王多铎都请太宗下旨出兵,太宗说:"朝鲜国本不是我国的对手,肯定是受了明朝的欺骗蛊惑。如果要征讨朝鲜,必须先进攻大明,以避免明廷出兵来牵制我们。"众臣都说："主上所见甚是，那么就请下旨先攻打大明吧！"太宗便命令多尔衮和多铎为征东的统帅，并对他们说："这次攻明，只要去骚扰它一番便可以回来了，只让阿济格等人前去就行了。"所以又立即派阿济格为先锋前部，率兵二万，前去征讨明朝，并且当面教授他进攻方略，教他稍微得手便立即返回。阿济格领命前去，不到一个月的时间，阿济格便连续攻克明朝的十六个城池，并抓获人、畜十八万之多，派人回国报告胜利。太宗命阿济格立即班师。

这次清兵攻打明朝，主要目的不过是威吓一下，让阿济格班师后，正好趁此机会征讨朝鲜。

此时，正值寒冬腊月，太宗祭告天地太庙后，便率领着诸位贝勒、亲王以及蒙旗、汉军，分前后两路出兵朝鲜，一路上大军浩浩荡荡，直捣朝鲜国都。

朝鲜国的兵将，都从来没打过仗，一听说清兵攻来，早已吓得望风而逃，四处溃散，因而所有的关卡要塞都被清兵攻入并占领。清军一直打到朝鲜都城，朝鲜国王李倧吓得没了主意，急忙派使臣来投降，并迎接清军进城，奉书请罪。太宗把降书掷回给来使，并将其喝退。李倧听到这一消息，更是吓得魂不附体，连忙亲自率领文武百官，并带上准备献上的女子玉帛，出来迎降。

清太宗存有治理好远疆之地的心愿，所以禁止手下兵士奸淫掳掠，入城三日后，犒赏三军。这时，天气已近残冬，太宗便在朝鲜国都大开筵宴，祝贺新年。过了一些日子，太宗又率领大兵渡过汉江,打算攻打南汉山,朝鲜国内全罗、忠清二道各自发援兵来到南汉城。清太宗下令军士们驻扎汉江以东,背靠汉江设立水寨,命令先锋官多铎率兵迎敌,朝鲜援兵与多铎打了几个回合便阵脚大乱。

李倧听说援兵又失败了,再次派遣使臣到满洲大营求和。清太宗命令英俄尔岱和马福塔二人一齐到朝鲜军中下赦令,让李倧出城觐见太宗,并且把战斗中的魁首抓来献给太宗。李倧答书中说愿意称臣,但请太宗免去出城觐见和抓缚魁首两件事。太宗不答应,重又命令军队发起进攻,由长山品出发攻克昌州,拿下安黄。朝鲜国宁远等地又派来援兵迎战太宗,太宗便命令多尔衮监督制造小船,然后袭击江华岛。朝鲜兵听说清兵打来,只能勉强应战,但怎么抵挡得了大清旗兵的锐气,霎时间朝鲜兵便被打得大败,所有阵地都插上了大清的旗帜,清军一方面派人到御营报捷,一方面继续战斗。

太宗再次传谕给李倧,上说:"迅速遵照前旨行事,将罪魁抓来献上,方可以稍加饶恕。"李倧无法,只好上表乞求投降,并一一遵旨行事,还将世子作为人质送到清营。太宗三次又传谕给李倧说,以后应该奉大清的仪注,所有依照大明礼制之处都改为依照大清的礼制。李倧到了这一地步,也只得老老实实俯首听命。当下在汉江东岸建筑高坛,约定吉日前来朝见太宗。

到了朝见日期,多尔衮率领李倧出城,到了南汉山下,便步行前往高坛,李倧见天空中旌旗蔽日,高坛上坐着一位至尊之人,连忙来到跟前,只是呆呆地立着。忽然听到旁边有人喝道:

"至尊皇上在上，为什么不叩拜？"李倧慌忙跪倒在地，行三拜九叩大礼。两边鼓乐齐鸣，重复迭奏，奏完后，坛上有大臣宣读诏书说："你既然已经归顺了大清，每年必须朝贡一次，不能过时不贡。"李倧连连点头答应。太宗又命令将李倧长子李湰送来作为人质。接着，太宗大犒三军，次日便下令班师回国。李倧跪送出十里之外，又与长子话别，情形十分凄惨。

太宗下令免了今明两年的贡税，由后年开始按照条例入贡，李倧赶快谢恩，垂头丧气地回去了。太宗也整振军旅，胜利归国，并将朝鲜国内主张败盟的罪魁祸首带回国内正法。

61. 卢象升抗清

太宗征服了朝鲜之后，没有了东顾之忧，便一心一意想要攻打大明朝。出乎意料的是此时正值明朝国内农民军首领李闯王、张献忠等人活动于陕西、河南、四川各省，势力甚为旺盛。明朝的将官大多被调去围剿农民军，没有多余的力量顾及边疆之事。于是清太宗命令孔有德、耿仲明、尚可喜三员降将攻入东边，明朝总兵金日观战死。

崇德三年（1638），太宗授命多尔衮为奉命大将军、岳托为扬武大将军，统帅左右两翼兵马，分道攻打明朝；二路兵马入长城青山口，在蓟州会合。这时，明朝所有的守边之将只要一见清兵打来，都逃的逃，走的走，不到一个月，清军连续攻下四十八座城池，一直打到了高阳县。

明朝原来的督帅孙承宗此时正在家中闲居，听说清兵入城，想要抵抗，但无奈手无寸兵，如何是好，竟然服毒身亡，他的子孙十几个人各持兵器，尽全力迎敌，清兵对此没有提防，也被杀死了数十人，但孙氏子孙终因寡不敌众，陆续战死。

接着，清兵又从德州出发，南下山东，杀入济南，活捉明廷德王。明德王乃是明朝宗室，名叫朱由枢，是崇祯皇帝的亲兄弟，被封为济南王。这时，山东巡抚颜继祖、山西总督卢象升[1]分别率军来保卫京师。但此时大清之兵已经渡河北行。

颜继祖入朝奏报说："清兵已经长驱直入，我们与之交战，胜负未卜，不如向他们请和吧。"卢象升却是一意主战。崇祯皇帝让他们二人相互商议，但一个主战，一个主和，意见就是不能统一。紧接着他们又奏请皇上要与杨嗣昌、高起潜二人分兵权，互相不受节制。表奏上去后，崇祯皇帝发兵部复议，最后决定，把宣大、山西之兵归卢象升统领；山海关、宁远之兵属高起潜调拨。崇祯皇帝准此奏议，加封卢象升为尚书衔，择日出师迎敌。卢象升奉命向涿州进发，途中听说清军是分三路进攻，于是也把自己的部队分成三路来拦截。怎奈清军兵多势大，明军根本无法与之相战，只能是望风而逃。

兵部尚书杨嗣昌奏请皇上削去卢象升的尚书衔，同时又按下兵饷不发，使出种种与卢象升做对的办法。

---

[1]卢象升（1600—1638），字建斗，宜兴人。明末大将，善射，娴将略，能治军。

卢象升到达保定后，又与清兵相遇，起初双方势均力敌，不分胜负，但是由于兵部不发军饷，没有几日，军中便开始缺粮，军士们都自采野菜糊口。卢象升心里知道，自己此战必死无疑，因而第二天早晨出了大帐后，向兵将四面拜道："卢某与你们同受国恩，不怕不能生，只怕不能死。"其言悲愤感慨，手下兵士禁不住大声哭喊道："我们愿随主将去杀敌！"卢象升出了保定城，到达巨鹿，查点手下军兵，只剩下五千多人了。只见清朝大兵杀来，一下子便把卢象升的五千人团团围住。卢象升把人马分成左、中、右三队，自己率领中间一路，径直冲入清营，拼死决斗。清军数次合围，卢象升也数次冲破重围。清军见他勇猛无敌，不想要了他性命，也就逐渐退了下去，卢象升也收兵扎营。当天夜半三更之时，卢象升听到营外杀声连天，知道是清兵乘夜来围攻，连忙率领军士出来迎战。眼看着自己一方兵尽力竭，卢象升说："我受命出师抗清，早知必死无疑。请诸位将军弟兄赶快突围逃走，我从此便与你们永别了。"于是他手执佩剑，冲入敌阵，杀死数十名清兵，身负重伤，吐血而死。清军大获全胜，正要继续前进，忽然接到清太宗的传谕，命令他们立即回国。多尔衮等人不敢违抗皇命，只好仍从青山口出关回国。

62. 招降洪承畴

回国后，多尔衮询问太宗为何大胜之际却要班师，太宗回答说："要想夺取中原，必须先攻下宁远、锦州诸城，然后再夺取山海关。山海关一得，便可以长驱直入。不然，如果我军深入中原后,明朝派兵在山海关内外切断了我们的后路,兵饷不能及时运到,我们岂不是自讨亏吃吗?"多尔衮听罢,立即请太宗下令攻打宁远、锦州。太宗准奏,命令立即发兵,直抵锦州。锦州守将乃是降将祖大寿,此时他又反清归明,并屡次打败清军。

崇德五年(1640),太宗率兵亲征,仍然攻不下锦州城,彼此相持,不分胜负。范文程为太宗出谋划策,说:"我们为什么不先去袭击他的辎重呢?"他与太宗把地图仔细研究了一番,便把多尔衮等人召入帐内。太宗命多尔衮率兵去偷袭明军的辎重。多尔衮领命后,便率领兵士按地图寻路,来到了杏山左侧,由此翻过杏山,到了塔山。多尔衮等人上山一看,只见前面山冈下有七个营盘,全都寂寂无声。多尔衮说:"我看前面的七个营盘,肯定是护着粮草的人马,我们现在乘他不备,杀将过去。"把所率人马兵分两路,直接扑向明营。明军此时正在睡梦之中,哪能迎敌呢,霎时间七座营盘全部被清军冲打溃散。清军上了山冈,把数百辆辎重搬运下山,从原路飞快返回清营。等到洪承畴得知这一消息时,早已来不及追赶了。

太宗料定明军丢了辎重后,必然前来拼命,因而做了准备。果然第二天洪承畴率领将士前来冲杀,但打了几个回合,毫不见效,于是洪承畴想出了一个偷营的法子。他故意退兵三十里,然后让军士们吃饱喝足,将部队分成四路,命令王朴、唐通为第一队;白广恩、王廷臣为第二队;马科、杨国柱为第三队;曹变蛟、吴三桂为第四队,自己与巡抚邱民仰把守大营。

清太宗见明军并没战败却退兵,知道其中必有诈谋,便命令豪格、阿济格等人从小道出兵，包抄明军的后路，袭击明营，又命令多尔衮埋伏在营外。这样，明军的计策不仅未能得手，反而受到清兵的攻击，损伤了不少兵马。清太宗又料到，明军经过这一仗，必然要撤退，当即又命令诸将分路埋伏。明将洪承畴由于辎重被清军所袭，知道难以进行持久战，于是传令六个总兵陆续后退。快要到达杏山时，忽然前面闪出一路清军截住退路，明军个个吓得毛发都竖了起来，更别提反抗，没奈何只好退到了松山城中。清兵也不再追赶，收兵回御营报功去了。清太宗命令范文程将将士们的战功一一记录下来。紧接着太宗又与范文程商议招降洪承畴之事。范文程说："要想招降洪承畴，应该多写几份招降书，分别投给他的部下，让他军心摇动，相互产生疑虑，这样方能下手。"太宗称赞这是一条妙计并依计行事。洪承畴经过这次大挫之后，心情沉重，又加上没有了军饷，犹豫着心想不如一死了之。正当洪承畴要上吊自缢的时候，不料背后有一人将他抱住救下，并且将他用绳子捆缚带走。原来救下洪承畴并把他带走的是夏承德与李永芳。他们二人已经投降了清太宗，太宗让他们回城作为内应的。所以当他们看到洪承畴要寻自尽，便赶快把他救下，然后将他绑了送到清营。洪承畴心想这回我是死定了，所以拒不开口，太宗让人给他松了绑，并且劝他归降。洪承畴还是不答应，范文程在一旁再三劝解。

  正在此时忽然听到奏报，说有明朝差官持书前来求和，太宗说道："明朝既然来求和，我们理当恭敬以待。"于是派人将差官迎入，太宗自己退殿而去。时间刚过中午，忽然有永福宫的太监来求见，并奏报说："洪承畴已经被娘娘劝说得归降了。"太宗听了大喜说："这真是一件奇事呢！"原来所说的这位娘娘便是后来入关定鼎的世祖章皇帝福临的生母，也是清太宗最宠爱的妃子。

　　本来，洪承畴拒不肯降，因而被囚禁于别室。上午十点左右，洪承畴心中正在胡思乱想，忽然闻到一股沁人心脾的异香之气，不由得心中一动。抬起头来一看，只见一个绝色女子，犹如出水芙蓉，轻启狱门，走了进来。只见她手中捧着一把玉壶，走到面前，轻启朱唇叫了一声"将军"。洪承畴本来就是一个好色之人，此时见了娘娘，不自觉的骨软筋麻，答又不好，不答又不忍心，因而就轻轻地应了一声。哪知道，洪承畴不应犹可，这一应倒引出了这女子长长短短的许多话来，不由得打动了洪承畴的心事，只说得个承畴心悦诚服，只得投降了。清太宗知道后大喜，便封洪承畴贵爵，又赐给他十多个美女，洪承畴感激万分，从此也就安心事清了。

63. 明清议和

　　明朝派马绍愉前来议和，清太宗设宴相待。宴席之间讨论起和议之事，太宗表示赞成，于是彼此签订了和约。过了一天，马绍愉等人谢别，太宗赐给他貂裘白金，并命令李永芳等人送出五十里之外。马绍愉回国后，把和约签订的情形秘报给了兵部尚书陈新甲。陈新甲随手把和议书放置在桌子上，谁知被家僮误当作例行的塘报，发了抄，结果弄得全国皆知。朝廷中主战的人都上表弹劾陈新甲主和出卖国家，陈新甲不服气，结果被崇祯皇帝处死。原来，陈新甲因为洪承畴打了败仗，与崇祯皇帝秘密商议与大清议和，崇祯皇帝为了保全体面，让他秘密行事，至和议被发了抄，引得尽人皆知，崇祯皇帝也生了气，恨陈新甲不遵照御旨办事，恼羞成怒，所以将他斩首。从此，明清议和之事便永远断绝了。

64. 清太宗托孤

清太宗得到议和失败的消息，便命令贝勒阿巴泰等人率领大军攻明，他们捣毁长城，杀入蓟州，接着转至山东，一共夺取八十八座城池，掠得子女玉帛不计其数。阿巴泰由北向南行进，接着又由南转北，纵横中国境内，竟毫无阻滞。这一回大明朝廷真是吓得不得了。阿巴泰夺掠抢劫已满，大明王朝几乎被他搜刮了三分之一去，然后从从容容地领兵回国去了。

清太宗听说阿巴泰凯旋班师，照例论功行赏，摆酒慰劳。宴筵席散，太宗回到了永福宫，那位聪明又绝色的娘娘吉特氏又陪着太宗饮了许多酒，当天夜里，太宗就住在了永福宫。不料半夜时分，太宗竟发起了寒热病，头昏目眩。第二天，召来太医诊视，病情已渐渐加重，一切朝政大事，都交给了郑亲王济尔哈朗、睿亲王多尔衮来代理。多尔衮因与太宗有手足之情，因而不时入宫问候病情。

一天晚上，太宗自知自己的病好不了了，便握住吉特氏的手，气喘吁吁地说："我不能再到中原与爱妃同享快乐了，想起来不免有所遗恨，现在福临已经立为太子，我死了以后，应该让他继承皇帝大位。可惜他尚年幼，还不能亲政，将来就要委托亲王辅政了。"吉特氏听了这些话，悲哀不已。接着，太宗又命令立即宣召郑亲王、睿亲王两人入宫。

没过多久，两人便应命进入宫内，他们先向太宗请安，太宗对他们二人说："我今天一病不起，看来很难恢复，即将与二位亲王永别了。由于太子年龄尚幼，不能亲政，一旦他继承了皇位，希望两位王爷看在同祖一脉的关系上，同心辅助幼主，那我也就虽死无憾了。"二王连忙回答说："奴才怎敢不尽心竭力呢？"太宗又命令吉特氏把太子福临带到床前，并用手指着二王对他们说："他们母子二人，今后全都托付给二位王爷了。"二王连忙回答说："我们如果违背皇帝的嘱托，皇天不佑。"正说着，忽然听到吉特氏一声娇滴滴的呼唤："福儿过来，给两位王爷请安。"此时多尔衮才想起了太子，济尔哈朗早在旁边给太子行过了礼，多尔衮感觉到自己失了礼，连忙向太子答礼。礼毕，多尔衮便与济尔哈朗一同到御榻前向太宗告辞。多尔衮回府之后，一夜不曾安然入睡。

第二天，又有太监前来宣召两位王爷入宫，等见到太宗时，他已是奄奄一息了。太宗命令二人代他草拟遗诏。遗诏拟好后，呈给太宗阅览，太宗看完，将纸一扔，便溘然长逝了。整个皇宫之中都十分悲哀，两位亲王随即出宫，命令大学士范文程先草拟一份喜诏，然后又拟了一份忧诏。喜诏是关于太子即位的，忧诏是宣布大行皇帝已经晏驾了。接着，两位亲王一面率领文武百官大举哀悼太宗，一面奉太子福临登上了皇帝位。

65. 多尔衮摄政

太子福临奉先皇遗诏继皇帝位，由多尔衮、济尔哈朗两位摄政亲王率领文武百官前来朝驾，行三跪九叩大礼之仪。并且由内阁大臣宣布，尊先皇为太宗文皇帝，皇后和生母并尊为皇太后，改明年年号为顺治元年（1644），王公大臣以下官员各加一级，接着新皇上便退殿入宫了。自此以后，皇太后吉特氏因母以子贵，所以尊荣无比。但吉特氏是一个盖世聪明的女子，她自念现在已是孤儿寡母，终不能久安。幸亏外面有多尔衮与她心心相印，一切政事，都比郑亲王济尔哈朗更为尽力。

一天，多尔衮揭发检举科达礼和硕托等人大逆不道，暗地里鼓动他自立为王，并且命令将二人交给刑部责讯，当时便将二人正法。皇太后听到这一事，格外感激，于是传出懿旨，命令多尔衮今后有事可以不需请示，灵活处置，也不必避嫌。从此，多尔衮出入宫闱，毫无顾忌，以至于生出了许多不尴不尬的闲言碎语来，连郑亲王也受了风言风语煽动。多尔衮见此情况，便奏明皇太后，下令让郑亲王率师出兵攻打大明，郑亲王只得奉旨前去。

该时，明朝正任用吴三桂为宁远守将，清兵屡次攻打都未能取胜，只能骚扰一番，便又班师回朝。过了年，便到了大清顺治元年，也就是明崇祯十七年（1644）。正月元旦之日，清顺治皇帝受到百官朝贺，各国也纷纷入朝纳贡，呈现出一片生机勃勃的兴旺景象。这一天，摄政王多尔衮正在书房批阅文书，忽然大学士范文程进来报告说："从探报那儿听说，明朝京师已经被李闯攻破，崇祯自缢身亡。李闯已经在明京称帝，建国号为大顺，改元为永昌。"多尔衮听后惊道："有这样的事？我国应该乘此机会出师，驱逐流寇，定鼎中原，现在正是大好时机。"说完后，便立即采取行动一面奏请皇太后，一面亲自检阅兵马。接着又选择吉日，让顺治皇帝祭告天地太庙，不日便启行攻打中原。

大清国摄政王多尔衮闻听大学士范文程奏禀说，李闯已经在明都北京做了皇帝，便说："料想这个李闯一定是有大本领的人，不然怎么就能把个明室的江山给夺了，竟然自己称起帝来了呢？"范文程连忙说："王爷，话不是这么个说法，这也是李闯应了时运。一来，明朝皇帝昏庸无能，不善于用人，所任用的尽是一些小人，而把正直之士都疏远甚至排斥了；二来，明朝内地流贼四起，所以才把事情弄得一团糟，最后连江山也丢了。现在听说李闯也非常残暴，把京城内外掳掠一空，他还把所有的附降大臣都捆绑起来，向他们勒索金银财宝，并且施以重刑，所以现在明朝上至官宦，下至百姓，都把他恨得咬牙切齿。我国若是能乘此时机进兵，人民将像大旱之中盼望雨水一样盼望我们。"多尔衮沉吟了半晌，然后答道："此事再议。"范文程怕失掉机会，便又说："如此大好的机会，可千万不能失掉啊！"多尔衮因为另存有一番心机，因而还是未下决心。范文程怏怏不乐，只好告辞而出。

当天晚上，多尔衮入宫去见皇太后，便把范文程的想法奏明了太后。太后说："范先生才识过人，他所说之事甚对，先王也十分佩服他。他既然出了这一计策,王爷就照他说的办好了。"多尔衮却说:"人生一世犹如朝露一样短暂,我能与太后常享安乐之福,已经十分满足,何必非要争夺这个中原呢?"太后说:"不然,我国虽然统一了满洲,但却不及中原繁华的万分之一。趁此机会得了中国,岂不是能够与你加倍地享受快乐吗?"多尔衮仍是不答应。

太后见他不愿率兵出师,便故意装作生气说道:"王爷平日想怎样就怎样,我今天让你出师中原,你就不去了?"多尔衮一听这话,吓得慌了神,连忙跪下说:"奴才愿意去,奴才愿意去。只是有一层,豪格[1]那家伙与我不合,我出师之后,恐怕对于幼主不利。"太后便说:"此事由你做主,怎么办都行。"于是,多尔衮出宫之后便秘密召来许多人,联名共奏肃亲王豪格言语悖谬,扰乱了纲纪,并且与郑亲王一道进行公讯。豪格不服,出言顶撞,多尔衮说这证明他的言语悖谬,的确属实,便将他降为庶人。

这件事办完后,多尔衮便请顺治皇帝祭告太庙,选择了吉日,准备出师中原。到了出师这一天,顺治皇帝福临端坐在恭殿之上,颁发给多尔衮一块大将印。多尔衮叩头谢恩,带着亲王、贝勒、贝子,率领八旗劲旅、满汉健儿浩浩荡荡,挺进中原。一

---

[1]豪格(1609—1648),满族,皇太极长子。从太宗征蒙古,后封和硕肃亲王,掌户部。

路上,行行停停,旌旗招展,遮空蔽日,向山海关进发。

66. 吴三桂降清

此时山海关的守将正是吴三桂[1],前明封他为平西伯,驻守宁远。因为当时农民军烽云四起,所以召他入京增援,于是他便率兵西行。快到山海关时,听说京城已被攻陷,崇祯皇帝也已经殉国,他只得命令兵士在山海关扎营。忽然,有探马来报,说他的家属全都被李闯捉去了,吴三桂便又要起兵入关。恰在这时,李闯忽然又派人前来招降,吴三桂答应归降,并立即交了印。没过几天,李闯派来守山海关的人就到了,吴三桂便率领自己的精兵向燕京进发。队伍行到滦州时,有吴三桂家人来求见,详细禀明了三桂全家被抓以及李闯在京城之内的暴虐行为。吴三桂说:"没关系,只要我一到京,李闯立即便会放回家人。"家人又说:"昨天听说姨太太也被李闯抓去了,并且选入了后宫。"吴三桂慌忙问:"是哪一位姨太太?"家人说:"是陈姨太太。"吴三桂又问:"想必是陈姑娘[2]了?"家人说:"不是她,还能是谁?"吴三桂一听这话,登时昏了过去,幸亏家人相救才算缓

---

[1]吴三桂(1612—1678),字长伯,高邮人。明辽东总兵,后降清,封平西王,据云南。

[2]陈姑娘(1623—1695)即陈圆圆,苏州人,原为妓女,后被吴三桂纳为妾,最后出家为道姑。

了过来。

陈圆圆乃是吴三桂最宠的爱妾,听说被李自成抢去纳入了后宫,他一气之下又率兵返回了山海关,将闯王的兵将赶了出来。吴三桂又下令,让兵士为崇祯皇帝发丧,设位遥奠。将这些事办完后,这才整顿人马,发誓为大明朝报仇,消灭李闯。这事传到京师,被李闯得知,他立即下令亲征,发兵二十万,命令降将唐通、白广恩为先锋,率领两万骑兵远出关外,夹攻吴三桂。此时清兵也正好抵达山海关外。吴三桂惶恐不安地想:"关内有闯贼之兵,关外又有清军,我如何对付得了?"心中转念又一想:"与其将大明江山送给闯贼,还不如送给大清。"于是便修书一封,让副将杨坤、游击郭云龙带着它到清军去投降乞援。

清摄政王多尔衮正领兵前进,在距离宁远数里之处,听说平西伯吴三桂遣使求见,马上便将杨、郭二人传入帐中。杨坤将吴三桂之书呈上,多尔衮拆书阅读完毕,又交给大学士范文程、洪承畴二人看过。范文程看完后说:"恭喜王爷,这回一定可以定鼎中原了。"多尔衮说:"全仗先生费心了。"范文程又说:"这次进兵与前几次有所不同,请王爷下令,传谕所有将士,凡是所经过的州县,不许妄动民间一草一木,如有敢违犯之人,定按军法处置。请王爷先招降吴三桂,让他先与李闯之兵交战,我们率领精锐部队继其后,何患灭不了闯贼,拿不下中原呢?"多尔衮说:"那么,就请先生给吴三桂复书吧。"范文程一挥而就,写好答书,呈上给多尔衮过目,然后又交给杨、郭两个来使,令他们带回。

第二天，吴三桂又派人来催清兵赶快入关。不料，清军还未到，李闯王倒先来了。吴三桂连忙登城固守，正在布置兵力时，忽然听到一声炮响，吴三桂料定是李闯王来了，恨不得将他伸手擒来，并将他碎尸万段。于是，他便率领将士们开关出战。李闯王见吴三桂杀来，指挥手下兵士把吴三桂团团围在中央，吴三桂毫不惧怕。双方战到日将落之时，吴三桂怕手下兵士疲乏，便一马当先冲出重围，率领兵士杀回山海关城内。闯王也不追赶，传令部下逼近山海关下寨。吴三桂入城后，查点兵马情况，见已经伤亡不少，吴三桂十分悲痛，其他将士也都同声感叹。

忽然听到有人来报说，闯王的降将带着两万兵马，又从关外杀来。吴三桂大吃一惊，登上城楼一看，果然都打着闯王的旗号。吴三桂正在受两面夹攻，十分危难之际，只听到东北方向大炮震响，有一军飞奔而至，旗帜分为五种颜色，吴三桂想必定是清军到了。正在瞭望之时，有人来报，清豫王、英王率兵到此，吴三桂这才放下心来。立即告谕手下诸将和兵士说："清朝大军已到，诸将只管安心坚守，明天早晨，我出城去见清军。"当天晚上，各自休息。

第二天一早，吴三桂挑选了精骑兵五千人，开关出城，冲开一条血路，直奔清营。到达清营后，下马求见。多尔衮令他入帐相见。吴三桂进帐后，见到多尔衮立即倒身下拜，多尔衮赶忙下座将他扶起。吴三桂便哭诉说："李闯多行不道，不但毁坏宫室，使明主自尽，而且连我的全家也被抓走。请王爷为吴某报仇，我永世不忘大恩大德。"多尔衮说："如果得皇天保佑，得以定鼎中原,必定以王爵之位相报今天开关之功。"吴三桂连忙谢恩,并请求赶快发兵相救。多尔衮便命多铎、阿济格入帐与吴三桂相见,随即率领兵士出发,先迎战关外的二万闯王之兵。

唐通等人见清兵来援救山海关,知道清兵厉害,早就望风逃走了。吴三桂便请多尔衮进入城内。由吴三桂点名,手下诸将都来参谒多尔衮。接着,分列座次,一同商议军情大事。吴三桂说:"闯贼兵士虽多,却都是乌合之众。三桂不才,愿意冲打头阵。"多尔衮应允。接着多尔衮下令,兵分四路,一同进攻。李闯王此时正在山上督战,忽然见身旁烟尘四起,暗无天日,霎时间烟尘散开,却见有无数留辫子的兵士横跃入阵,而且督兵的将官都是红顶花翎顶戴,不觉大吃一惊说:"这不是满洲兵吗?怎么已经到了这里了?"急忙将自己的麾盖去掉,向山下退去。闯王之兵见没了主将,纷纷逃走,阵脚大乱。清兵与吴三桂之军向前追赶了数十里路,杀死闯王之兵数万人,才收兵返回山海关。

多尔衮下令让汉民汉军全都剃发。吴三桂听到这一命令,率先遵照实行,剃去头发后,便请求作为先头部队先行一步。多尔衮率领精锐部队紧随其后。李闯王奔向一关,吴三桂就攻克一关,李闯王逃向一城,吴三桂便又拿下一城,一直追到了燕京城下。李闯王入城后,命令兵士分营驻扎在城外。吴三桂追兵赶到,首先奋力踏营,没过多久,便将城外所有闯王所扎之营全部攻破。李闯王十分害怕,连忙派使向吴三桂求和。吴三桂一见来使,没等他开口,便大声喝道:"拉下去斩了!"接着便下令攻城。正当军兵加紧攻城时,忽然听到城墙上一片喧哗,吴三桂抬头一看,见是自己亲生父母被绑缚押来,他们大喊说:"三桂快投降,以保全你双亲性命。"吴三桂沉思一想,李闯既然用我父母来挟制于我,谅他也不敢伤害他们,于是便奋声大呼说:"不降!"话音刚落,就听到城上"扑扑"声响,从城上一连扔下二三十个首级来。三桂一见正是父母亲人的首级,心中一急,身子一晃,便从马上栽了下来。两旁的兵士连忙将他扶起,吴三桂捶胸顿足,号啕大哭。

此时清兵也赶到了,多尔衮听说这一变故后,安慰了吴三桂一番。清兵乘着一股锐气,奋力攻城。李闯王见清朝大军攻城,知道实在难以把守,赶忙商议逃走之事。他传令部下将所夺的金银宝玩收拾妥帖,把整个明朝宫院殿宇以及民舍全都放火烧了起来,自己率领家小打开西门连夜逃奔山西、陕西去了。清兵攻城正紧时,忽然见城中着起了大火,烈焰腾空而起,料想李闯肯定已经逃走了。清兵随即登上城墙,把城门打开。吴三桂一马当先,冲入城内,兵士亦陆续进入城内。冲到宫前,下令让兵士救灭余火,可惜一座花花的大明宫室,顷刻之间已化为灰堆。吴三桂正要率兵追赶,忽然祖大寿、孔有德率兵赶到,传令吴三桂不要追赶,吴三桂只得罢手。

67. 顺治进京

摄政王多尔衮入北京后,一切国家大事都交给范文程、洪承畴两人料理。范、洪二人便立即拟就了几道告示,命人四处张贴。京城的百姓因为在李闯入京时,受到了夺掠和蹂躏,巴不得有人出来将李闯给驱除了。此时一见告示，得知清军已经入城，李闯已经逃走，因而都十分欢喜。等到看见清朝政府为明崇祯帝发丧更是格外感激。摄政王多尔衮见民心大多已服，于是便召集民夫重修武英殿。到工程完毕后，摄政王多尔衮升殿入座，召集文武百官，百官都上表表示祝贺。这一天，多尔衮缮好奏折，命令辅国公屯齐喀和托等人到沈阳去迎接两宫皇太后和顺治皇帝。

辅国公等人去后，忽然有人来报告，说明朝福王朱由崧[1]在南京建南明监国，发誓要与清朝对立。洪承畴说："朱由崧没有什么了不起，只是兵部尚书史可法[2]令人担心，他是祥符县人，具有远见卓识。但他有一个弟弟倒是识时务之人，如果能招降了他的弟弟，事情就好办了。"多尔衮说："此事再仔细商量斟酌吧！"没过几天，去沈阳迎驾的大臣差人回来禀报，说两宫已经选准了于九月之内起驾来北京。又一日，探马来报：明福王朱由崧在南京称帝，改元弘光，并命令史可法统辖淮、扬、庐、凤四重镇，江淮一带都驻扎了重兵。多尔衮听到奏报后，仍然与洪承畴商议，此时洪承畴已经托史可法之弟带书劝史可法投降，所以说等有了回音再商议。

[1]朱由崧（？—1645），南明皇帝。1644—1645在位，明神宗之孙，福王朱常洵之子。

[2]史可法（1602—1645），字宪之、道邻，祥符人。南明大臣，抗清名将。

这一天，摄政王多尔衮接到沈阳传来的谕旨，得知两宫已经起銮，于是便派阿济格和多铎等人率兵出城巡视。接下来的几天，不断传来奏报，说圣驾已经到了某处了，多尔衮便命在通州城外先设置一座行宫。接着听说圣驾已进入了山海关，节节向北京靠近。多尔衮立即传令召齐王公大臣、满汉文武百官，全都穿上礼服，前往接驾。这一天，圣驾到达了通州，只见龙旗飞舞，焕发风采，銮辂和铃，两旁威武的侍卫拥着一位只有七岁的少年天子，只见他生得隆准龙颜，器宇非凡。天子的身后跟着两宫皇太后，皇帝的生母吉特氏端严之中带着一种妩媚。摄政王多尔衮率领王公大臣依次跪倒接驾，顺治皇帝由太监传旨让他们"平身"，王公大臣这才一齐起来。圣驾进了行宫后，七岁的天子升了御座，两旁按王公大臣的等级排列站好，一一唱名，行五拜三叩首之礼。礼毕，顺治帝退殿少息。大约两、三个时辰以后，又命令起銮，从永定门进入大清门，王公大臣仍然迎送如仪。

北京城内居民早已听说清朝皇帝入城的消息，家家焚香，户户结彩。圣皇的銮驾徐徐行进，进入了紫禁城。王公大臣们全都退出城外，只有摄政王随同王驾进入紫禁城。突然多尔衮发现，那位已经被革掉爵位、废为庶人的肃亲王豪格也翎顶辉煌，昂首挺胸地进入宫内，心中不免十分怀疑，但当时也不好明问，只得随驾入宫。

十月初一，顺治皇帝福临亲自到南郊，祭告天地社稷，并将历代神主之像奉安太庙。然后，顺治帝升武英殿，即中国皇帝之位，满汉文武官员全都跪卧在地，拜祝庆贺。礼毕，顺治皇帝下诏颁布天下，宣国号为大清，定都燕京，纪元为顺治。

随即便加官进爵，由于多尔衮功高一等，因而加封他为摄政王；加封济尔哈朗为信义辅政叔王；晋封阿济格为武英亲王；恢复肃亲王豪格的爵位；赐予吴三桂平西王册印。

68. 闯王兵败

皇帝谕旨一下，国事大定。于是，又命令直隶巡抚卫国允等人商议今后的长谋远略。这时听说，李闯王已经西入陕西，行至平阳，分兵把守关隘，接着又进入西安。清朝立即派兵向西讨伐农民军，李自成率军迎战，但却遭大败，李自成只得放弃西安，走商洛，出潼关，分兵南下，移兵到郧襄一带。清兵平定了三秦之后，接着又下河南，入楚汉，夺取荆襄。李自成无奈只好向南奔赴辰州，屯兵于黔阳。农民军经过这许多仗，损亡惨重，伤亡大半以上，只剩下十余万人了。农民军由于缺食少粮，只得派人四处夺掠，结果弄得黔阳鸡犬皆尽，最后无东西可吃了。

旧明朝川湖总督何腾蛟[1]派兵进攻农民军。李闯王宿营于罗公山，凭倚天险修壕堑，以便能够坚持持久战。但是由于形势越来越紧迫，粮食也吃尽了，所以农民军逃走的人也越来越多。李自成想率领轻骑抄道突围，可是，何腾蛟设下伏兵，与李自成决

---

[1]何腾蛟（1592—1649）字云从，黎平卫人，南明大臣，后被清兵俘获，不屈而死。

战,打得李自成大败,手下兵士几乎被杀尽,最后只好率领着十几个骑兵逃走。

李自成带兵到了当地村中,想要寻找些食物,但村民们都筑设壕堑固守不救,并且一同围杀闯王等十几个人。李自成指挥左右与之拼斗,但却陷于泥淖之中,村民们一同上前围攻李自成,结果,一代农民军领袖在此人亡马毙。

村民们不知杀死的就是李自成,割下他的首级献给何腾蛟,何腾蛟检查首级上左胪的故有伤痕,才知道这是李闯王的首级。李过听说李闯王被杀,率兵前来拼命,仅夺了李闯王的尸身,灭了该村而回。李过用稻草替闯王做了一个头,然后给他穿上衮冕,埋葬在罗公山下。

残余的农民军又推举李过为首领,李过改名为李锦,接着又改名为李赤心,最后这支农民军也都亡散了。

也有人说,李闯王从保定走延陵,经过通城时,命令其部下先行。通城也有一座罗公山,山上有一座元帝庙,山民们正举行大会准备捍卫李自成。李闯王率领二十四骑人马经过该山,下令其他人都在山下等着,他自己单人独骑登上罗公山,进入元帝庙,见到帝像便伏地拜谒,突然觉得好像有东西击中他,不能起来。村民们不知他是李自成,以为他是劫盗,便用镐锄砸碎其头而死。又有人说,李闯王是死于泥淖,死在元帝庙的乃是其侄李过,而不是闯王,到底哪种说法正确谁也不敢说。李自成死时,正是顺治二年(1645)。

69. 扬州十日

摄政王多尔衮接到史可法的答书，当即交给洪承畴，让他念过，多尔衮听罢说道："看来史可法是不肯投降了。"洪承畴说："听说明福王任用马士英、刘孔昭等人办事，那么它必然灭亡。"多尔衮说："他还有史可法呢。"洪承畴又说："马、刘二人向来只顾贪鄙，单靠史可法一人也是没有用的。"史可法认为福王朱由崧有七大缺点，因而不能成为皇帝，这七个缺陷就是：一贪，二淫，三酗酒，四不孝，五虐待下级，六不爱读书，七干预有司。因而史可法打算迎立潞王朱常涝为帝。偏巧这时，马士英勾结总兵高杰等四人，准备好了甲仗，将福王护送到了仪真，接着便迎入南京即位，改元弘兴。史可法、吕大器等人与其争持不下，自此之后史可法便与马士英等人不合，于是他便请求出京镇守扬州。朝中则全由马士英以奸邪用事。

没过多久崇祯皇帝的长子逃难来到江南。但杨维垣扬言说，有一个叫王之明的人面貌酷似太子。于是，弘光帝便派遣官吏严讯太子，一定让他承认自己是王之明。南宁侯左良玉对此十分气愤，带兵向东挺进，发出檄文讨伐奸臣马士英，部队行至九江时，左良玉吐血而死。

这时，河南尚为南明的属地，清顺治帝命令豫王多铎率兵向河南征讨。多铎率兵一路上长驱直入，如入无人之境。史可法听到这一消息后大吃一惊，命令高杰出师徐州，抵抗多铎率领的清军。没有多长时间，清军已经夺下了河南，高杰进兵屯驻归德。高杰想与睢州总兵许定国取得联络，没想到此时许定国已经投降了清营，高杰误入许定国之府，结果被杀。接着，清军都统准塔奉命接应多铎，多铎命令准塔率领他的部下出兵淮北，自己率本部出兵河南。清军一路攻克徐州，夺取宿迁，拿下淮安，淮北一带见清兵到来都赶快投降。多铎则由归德驱兵泗州，渡过淮河，逼近扬州。

镇守扬州的南明将领史可法，心怀一片报国赤心，听说清兵已渡过了淮河，赶忙率领部队来抵抗。刚刚出发还没走几里路，却忽然接到从南京来的飞檄，说左良玉谋反，从九江进犯南京，调他回去抵御。史可法因事情紧急，便又折返江南。可是当史可法刚渡过长江抵达燕子矶，就又接到谕旨，说黄得功已经打败了左良玉军，命令他迅速返回淮扬。史可法还想援助攻打左良玉，但又听到报告说泗州已经失陷，不得已只好急忙返兵回扬州，哪知道为时已晚，清兵已经从天长、六合两地攻来，距离扬州只有三十里了，扬州守兵一听清兵来了，早已吓得逃得干干净净了。史可法此时是战不能战，守又无可守，只有等到清兵兵临扬州城下再作打算。等到清兵到来攻城时，史可法极力抵抗，但是清军进攻猛烈，炮石交加，将城墙炸开了一个大缺口，史可法手下军兵伤亡大半，清军踏着尸体进入扬州城内。史可法惟恐伤残太多的兵士，便奋身大呼说："我是史督帅。"清兵也不问真伪，上来一阵乱刀砍下，将史可法砍死。

多铎夺了扬州之后，下令屠城十天。后人著有《扬州十日记》一书，就是对此的记载。

70. 露水皇帝

扬州已经被清军攻破一事传到了南京,谁知福王只顾得贪图玩乐,所有朝政大事只靠奸臣马士英处理。马士英一听此变,赶忙派遣总兵杨文聪、郑鸿达率兵前去抵抗。可是这两个总兵一见清兵蜂拥般地杀来,连面也不敢见一下,就一个逃往苏州,一个逃往杭州去了。于是清兵攻克镇江,又从丹阳进兵,径直向金陵扑来。

弘光皇帝朱由崧听说清兵马上就要打来了,心中急作一团,如热锅上蚂蚁一般,忽听身旁有太监奏报说:"听说黄得功驻兵于芜湖,皇上赶紧逃到他那儿去,让他来保驾吧!"弘光皇帝不由分说便带着爱妃,悄悄打开通济门逃了出来。

第二天早晨,马士英等人听说皇帝已经逃走了,全都束手无策,便召集各大臣来,经过商量,决定投降,于是便写了降书,派人投送到清营。这一天,清军正在前进,见有探子来报说:"南京派人前来投降了。"多铎见到降书后大喜,准予纳降,率兵进了南京城。进城后,多铎下令安民休息一天,便派遣贝子、贝勒进兵芜湖,追踪捉拿弘光帝。顺治二年(1645)五月,多铎在芜湖擒得南明弘光皇帝,并将他遣送京师。南明总兵黄得功,进士黄淳辉,原任苏松巡抚、山阴人祁彪佳,大学士高宏图,左都御史刘宗周等人都死于该战。

此时,明朝鲁王在台州避难。六月,郑遵谦、张国维、方国安等迎立他为帝,鲁王在绍兴独立。清兵夺了金陵后,便来征讨鲁王,顺治三年(1646)六月,鲁王逃入舟山,没过多久便被抓获,并送往京师。

与此同时,还有唐王之子在两浙避难,郑鸿达、郑胜等人将他携到福建。郑芝龙等人又在福建将他立为皇帝,建年号为隆武。任用郑芝龙主持朝政。清军也很快将其讨平,郑芝龙逃到海上,没过多久,也就投降了。

又有隆武的弟弟逃到广东,当地苏观生、何吾驺、顾元镜等人将他迎立在广州,称为监国,改元为绍武。到该年十二月,清总兵李成栋将他击败并斩杀。

此外桂王之子永阳王朱由榔逃难到梧州,丁魁楚、瞿式耜等人,迎立他于肇庆府,改元为永历。下诏颁布于湖南、云贵等省,当时的湖广总督何腾蛟、湖南巡抚堵胤锡等人都奉诏称臣。这时,闻听明降清之将李成栋奉了贝勒博洛之命,由福建驱兵广粤,连续攻下潮州、惠州及广州,并从广州出发,分出一部分兵攻打高、雷各州,自己亲自督军攻打肇庆。瞿式耜此时还在峡石,便奏请永历王派兵增援,要与清兵决一死战。偏偏有司礼大臣王坤,一个劲儿只是劝桂王向西逃跑,丁魁楚也赞成王坤的意见,而不支持瞿式耜。于是桂王连夜出逃,等到了肇庆,梧州已经失陷了。王坤等人又商议投奔湖广去倚靠何腾蛟,于是便启驾前往湖广。独有丁魁楚行进较缓,几天之后,丁魁楚竟然秘密派人到李成栋之营请求投降,李成栋不准,还把他杀了。

没过多久,清廷命令孔有德为征南大将军,率领耿仲明、尚可喜等人进兵湖南,所向披靡,长驱直入,连续夺取长沙、湘阴,进而又进攻衡州。此时,清降将金声桓派人密约李成栋重归明室，李成栋仍然踌躇未决。李成栋的爱妾珠圆，见李成栋闷闷不乐，便问他是何事扰心。李成栋把金声桓的信给珠圆一看，珠圆也怂恿他反正，结果他便通书给永历皇帝，决定反正。由于他认为自己职位较轻，所以一面上表给桂王，一面传书给远近部队。他的这一令一出，四方引起骚动。张献宗、孙可望、李定国等人都分别占领了云南、山西等地，弄得清廷异常忙碌。

摄政王多尔衮立即召开军事大会，说："汉人终究不能依靠，非要派亲贵大臣到各地征讨不可。"于是命令都统谭泰和洛辉为征南大将，率领兵马奔赴九江，会同耿仲明、尚可喜两将专攻江西、广东；又命令济尔哈朗会同孔有德攻打湖南和广西；命令博洛、尼堪两位郡王攻打大同；命令吴三桂、李国翰等人分别征讨山西、陕西。这次一发兵，各路之兵奋勇前进，所征之处纷纷传来捷报。谭都统率兵到达江西后，连拔九江、南康诸府，直逼到南昌省城。叛将金声桓赶快派兵抵御，被清军一阵猛攻，将城池打开，金声桓投水而死。清军攻下了南昌后，又进攻赣州，李成栋逃亡信丰，他的部下死伤、逃亡了大半以上。李成栋心焦苦闷，其左右为他进酒，他喝得酩酊大醉。清兵追到时，左右把他拖上战马，到了河边，策马过河，行至中流时，人马一同沉入河中，其部下各自奔散了。清兵进而攻陷了广州，整个赣、粤全部平定。与此同时，郑亲王济尔哈朗正在攻打湖南，湖南诸镇毫不抵抗，皆望风奔溃。何腾蛟带兵退入湘潭城据守，一见城中早已空无一人。等清兵一打来，何腾蛟竟带着随从投奔清营之中，然而在清营中他不说一句话，不吃一口饭，到第七天上绝食而死。湖南也已经全部平定。

郑亲王济尔哈朗及都统谭泰率领的两路大军，均已告捷，清廷将郑亲王召还朝。留下博洛、尼堪两位郡王率军共同出征大同，但镇守大同的姜环顽强固守，博洛等人多次进攻不下。而且明朝故官又召集来许多散兵，东一处、西一处，比比皆是，博洛分兵各地剿讨，但苦于兵力不足，不能顾全，所以向清廷申请增兵。摄政王多尔衮接到报告后，竟亲自率领英王阿济格等人带兵出居庸关，拿下浑源州，直抵大同。多尔衮与博洛会合，仍然攻不下大同。但没过多久，由于大同城中已经弹尽粮绝，因而部将刺杀了姜环，开城迎接清兵入城。山、陕两省也平定了。夺取了山、陕之后，多尔衮将政务交给地方官办理，自己率兵班师还朝。

71. 清廷定国

多尔衮因全国各处大多平定，心中好不快活，在府邸中闲着无事，经常与肃王寻欢取乐。后又派官到朝鲜索取了国王的两个公主来朝。哪知道，他这样一味贪图女色，不考虑后患，结果竟然染上了咯血症，一病不起，不久便死了。顺治帝对多尔衮的死十分悲伤，辍朝为他治丧，照皇帝之制为他丧葬。顺治八年（1651），议立多尔衮的长子多尔博继承睿亲王爵位。

明桂王逃窜到南宁后，势力也日益穷迫，不得已求救于农民军将领孙可望[1]。孙可望因为占据有云南全省，于是便自立为王，设立国号为后明。因为他劫持永历帝，被帝手下党羽李定袭破，只好投奔长沙，归降了清廷洪承畴。洪承畴在孙可望来了之后，向他详细打听了桂王的情形，然后上表请求发兵西略。清顺治帝乃命令贝子洛托为宁南靖寇大将军，会同洪承畴从湖南进发；命令平西王吴三桂为平西大将军，偕都统从汉中、四川两地进发；命令都统卓布泰为征南大将军，率兵向广西进发。三路兵马同时抵达贵州会齐。没有几天，三路讨军便接连传来捷报。顺治帝又命令豫章王子信郡王铎尼为安远大将军，率领劲旅到达贵州，统率三路兵马，每路兵马五万人，浩浩荡荡前进。

这时，桂王政权的军务都归李定国执掌。李定国听说贵州已经失陷，便派兵防守诸险要关口，但是清朝大军分几路杀来，李定国如何能够抵抗得了？便率领部队逃回云南，拥着桂王从永昌逃到右甸去了。等到清兵追到后，李定国仍然不敢迎战，于是又同桂王匆匆忙忙西走腾越，转向南甸，渡过了木囊河。这木囊河乃是中国与缅甸国的交界。缅甸人命令随从官员一律交出兵器，才准予他们前行。桂王一行人到达缅甸都城，见缅甸人大多穿着短衣，光着脚，桂王便也与他的随从换上缅甸服装，混入缅甸人的贸易市中，从此就在缅甸国中苟延岁月。

[1]孙可望（？—1660），原名可旺，延长人。明末农民军起义首领，先抗清，后降清，封义王。

大清信郡王铎尼因为桂王等人已经逃奔缅甸，便向清廷奏捷。清帝传旨，命令大军还朝，留下吴三桂镇守云南，又担心三桂反叛，便命令其子吴应熊在京供职。顺治帝以为这次扫荡、平定了云贵，将江山版图一统，便可以享受承平之福了。却又忽然听说，江南数十个州县都被郑成功[1]得了去，现在南京也危在旦夕了。顺治帝大为吃惊，说："朕即位十多年了，东征西讨，没有一天的清闲日子，这皇帝做得真不自在。朕细细想来，倒不如做个和尚更适意呢！"于是便传下圣旨，检阅兵马，御驾亲征。他这一下旨，可吓慌了文武百官，连忙奏报说："区区一个小丑，何劳圣上挂虑呢？"次日，顺治皇帝升殿，正准备拟定日子出师，忽然兵部尚书呈上江南总督郎廷佐的表章说，郑成功已经被崇明总兵梁化凤荡平，他所占各处也都收复了。顺治听后大喜，下旨封梁化凤为江南提督，并授达素为安南将军，进攻厦门，以斩草除根。

郑成功抗清失败后，逃回厦门，仍然准备再度起兵。正往前行时，不料从上流来了一股清兵，正面迎击他。郑成功无心抵御，便率兵奔赴了台湾岛。

吴三桂留守云南，平时安居无事，便欲铲除明朝宗室余孽，于是上了一本奏章，上面说"李定国带人东抢西夺，不把他连根

[1]郑成功（1624—1662），字明俨，号大木，泉州南安人。明末名将，抗倭英雄，抗清失败后退守台湾。

尽除，是没有安逸的"等话。顺治帝因为已统一了中国，不想再兴师动众，接到这个奏报后，心中犹豫不定。无奈众大臣都赞同吴三桂之议，只好命大臣爱星阿率军奔赴云南会同吴三桂一同剿袭李定国。爱星阿到达云南后，与吴三桂一同进兵木邦，活捉白文选。接着直抵缅甸都城，一面追拿桂王，一面派人向朝廷飞报胜捷。

72. 皇帝遗诏

顺治帝接到这一捷报后，知道大功已经告成，便决心远走出家。只是宫中有一位董鄂妃，乃是一位江南的汉人姑娘，顺治皇帝格外宠爱她。没想到有一天董鄂妃突然一病不起，不久竟然过世。顺治帝与她少年恩情，悲痛不已，辍朝五日为她哀丧，并且奉太后懿旨，封董鄂妃为皇后，这是顺治十七年（1660）的事。顺治帝经过这一次打击，便更加决心脱离尘世。于是于次年正月，只留下了一封遗诏，便出家了。

这个遗诏一传出，文武百官十分惊疑，都说："昨天早朝时，圣上身体还健康如常，怎么一夜之间就会晏驾了呢？"无奈，只得遵照遗诏行事，照例入朝哭临，一面又由辅政大臣奉八岁的新天子在太和殿即皇帝位。这位新皇帝，就是皇三子玄烨，拟定年号为康熙，改第二年为康熙元年（1662），尊为圣祖仁皇帝。

（此原书第三十六回至第四十回）

明朝世系表

（1368—1644）

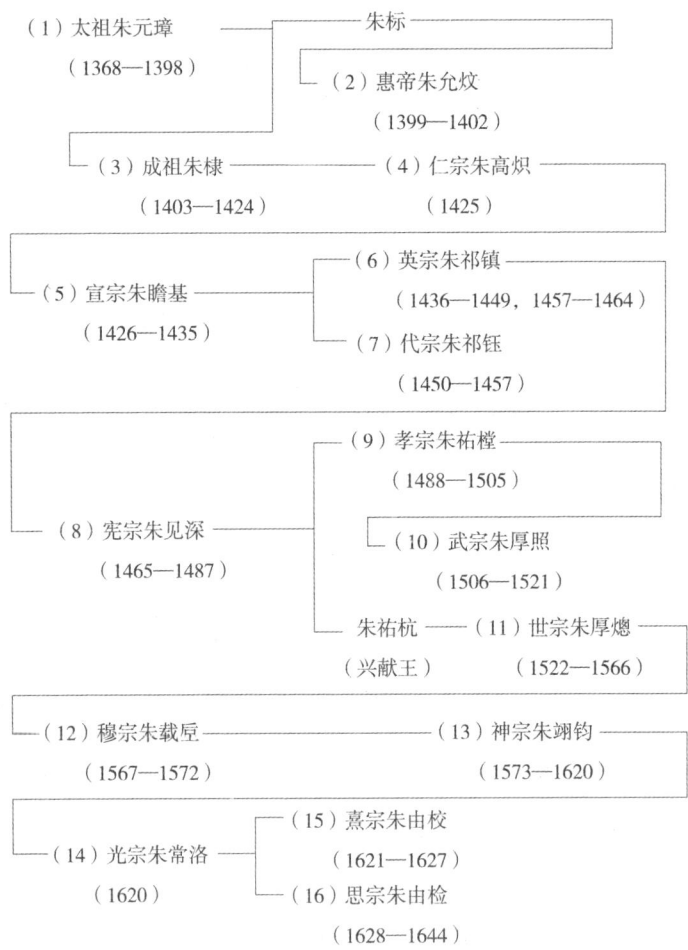